智庫雲端

智庫雲端

探索蛻變
人生事務所

看見天賦職人的精彩，啓發自己的影響力。
你能成就的事，其實超乎自己原本所想像！

不完美練習生	正能量導師	被動收入教練	樂活護理天使	財務改造藥師
郭峻廷	黃美智	高健智	趙苡甯	林有輝

序

用故事開啟你的蛻變之旅

生命，就如同一本卷宗，每一頁都包含著我們的故事，每一章都寫滿了成長的軌跡。這本書，是一場關於探索、蛻變和成長的旅程，它將帶領你走進五位不同主角的生活，每位主角擁有不同獨特的人生蛻變與人生旅程，每位主角的內容雖然分別僅是這本書中的一個篇章，但他們的故事交織在一起，共同講述一個關於人生價值探索與生命意義的宗旨，提醒我們無論面對多大的挑戰，都有機會蛻變，找到屬於自己的幸福和成功。

「尋找自我、成就財富、珍惜健康、追求價值」是這本書關於生命的一場深刻集合探索，它將引領你穿越五位主角的生命歷程，不論是在生活中遭遇到巨

大的挑戰，並經歷了驚人的轉變，這本書不僅僅是一本人生故事集，更是一本關於生活哲理和成長的指南。我們希望這是一本啟發您也可以「自我發現」的參考書，跟隨其中的故事從束縛中找到自由，並在逆境中找到希望；看看如何在負債千萬的困境中堅持奮鬥正向翻轉；如何實現被動收入的財務自由；了解生命價值意義而珍惜自己身體的健康；以及如何在尋找人生價值的過程中找到自我的答案。

這是一本關於不斷蛻變、不斷成長，並且啟發人心的書，能夠啟發您思考自己的生活，並提供不同人生的真實體驗經歷。您將學會如何從束縛中解放自己？如何在逆境中求生存？如何管理財務？如何珍惜健康？以及如何尋找並實現人生的真正價值？每一個主角的故事都帶給我們深刻的啟示，讓我們知道，無論面臨什麼困難，都有可能蛻變，走向更美好的未來。歡迎您一同走進這個精彩的故事世界，和作者們

一起探索身心靈、打拼生涯、建立人脈、珍惜身體健康、規劃財務，並深思熟慮人生的價值。最終找到人生幸福和生命價值的故事。

　　無論您是正在面臨挑戰的人，還是希望在生活中找到更多意義和幸福的人，這本書都將對您有所幫助，它將激勵您勇敢面對生活，積極追求夢想，並更深刻地理解生命的真諦，內容不僅激勵人心，也充滿著希望和勇氣。誠摯地邀請您一起來咀嚼文字刻烙下的閱歷，一起踏上這場關於蛻變和成長的人生之旅。

目　錄

第二篇
逆轉命運 用生命說故事的人
黃美智

第三篇
善用人脈力量 樂活職場與事業的精彩人生

高健智

第四篇
重視健康 從珍惜自己開始
趙苡甯

第五篇
從財務重生到身心靈體悟 財務藥師的天賦人生啟示
林有輝

第一篇

聆聽內在小孩的聲音

身心整合的探索之旅

◎郭峻廷

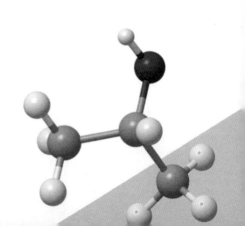

◎ 郭峻廷　不完美練習生

一個拒絕被「安排好的人生」套牢的反骨青年。自從栽進了內在探索的世界裡，便不斷地對主流價值體系發出質疑。「三十而立」不是我的人生勳章，「探索蛻變」才是我的人生輝煌。經歷了迷惘、挫折、焦慮、苦澀、恐懼、憤怒，深刻地體會到「不確定性」乃是人類的正常狀態。

前言

每一次不完美的經驗，都是一塊邁向豐富完整的拼圖。

「歸零。」總是能夠讓自己從零開始地探索人生。在成長的路上經歷了各種不安的情緒，卻也逐漸地學習到如何接納自己的各個面向，發展出安頓身心的方法。秉持著「一無所知」、「一無所有」的座右銘，持續地突破思維的框架，不受限地吸收新知，對未知的領域充滿好奇心與學習的動力，不輕易地讓世人定義「我是一個怎樣的人」。

1-1　聆聽自己的身體和感受

身體與感受的關係—聆聽身體，自我慈悲

　　「關愛」自己的身體是怎麼一回事？關愛從來就不帶有任何的企圖，關愛就是關愛，很純粹的問候、打招呼、說你好。關愛不是要求、期待或交換。媽媽煮飯給孩子吃也是一種關愛的表現，不是因為孩子將來會當醫師、律師、會計師，她才願意這麼做。

　　我為自己的身體所做的一切，就只是把關愛的心意帶到身體的各個部位，不是為了追求療效、不

是為了「你要給我好起來」才這麼做的。『醫師包扎傷口，上帝治癒它』，我的工作就是好好地關愛自己的身體。難道身體痊癒了，就不再需要關心它了嗎？

同樣地，我們和周遭的人事物也可以用『關愛』的心意來保持一種互動交流，自從向內凝視以來，我發現自己愈來愈像個科學家，我只是對一件事物投以關注，事物就開始有了變化（觀測者效應）。關注是能量，時間也是能量，我保持著一顆敞開的心，對於結果沒有假設，而是如其本然地把觀測到的變化紀錄下來，到這邊，我又變成田野調查家了！

當我愈跟自己在一起，我察覺到甚至不用思考，我的身體就會反射性地做下一件事，好像預先知道一樣。並且自動切換到全心全意的頻道感應接收，專注在眼前正在經驗的。像是我帶著關愛的心意打掃房

間，慢慢地，靜靜地，一呼一吸，感覺好不一樣，地板好像多了朦朧的粉紅泡泡，似乎真的可以和無生命的物質進行雙向溝通、訊息交流。

食物像是我們藉由外界物質用來關愛我們身體的一種關係，身體會有實質的感受，然而「食物沒有對錯，身體沒有好壞」，就只是透過食物來聆聽身體的變化，並且如其本然地接納。

我動用身體好多部位去觸碰黑米，眼皮、眼袋、鼻孔、臉頰、耳蝸、虎口……接著含進嘴裏，在上下兩排牙齒間緩慢咀嚼，我發現唾液（津液）分泌得特別旺盛，直到黑米變得細細碎碎，完全和唾液融合，我才嚥下肚。

當我吃得愈慢，我察覺到愈容易有飽足感，例如，一小顆葡萄乾就讓我有飽足感。我漸漸能體會到一種正念飲食法，即使空腹生食野生黑米都能讓身體

有所感知，我體悟出「對食氣者來說，每一口都太過豐盛」這個概念。所以，很多時候，我們是在滿足「大快朵頤」的慾望，而不單只是為了吃飽、為了養分。

我領悟到，吃飯的速度是自己「給」的——每一「口」飯都是一趟內在之旅呀！

身體與外在世界的關係

從食物感受到與自己的身體關係，它是提供給我們身體的「養分」，實際輸入到我們的身體產生作用來關愛我們的身體。但是我們的身體存在於這個世界的環境裡，身體之外的世界，存在的許多物質和非物質的東西，也和我們有非常密切的關係，雖然不像食物一樣直接「輸入」到我們身體，但卻以其他的形式進到我們的心裡。

兩個世界

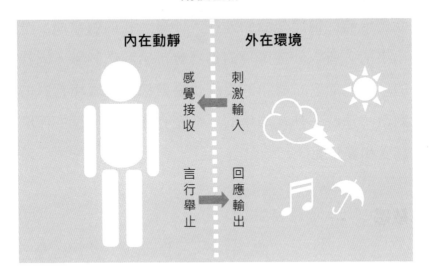

　　身體和外在環境其實是兩個世界，這兩個世界彼此是交互影響的，並不是單方面的施或單方面的受而已，當我們的身體感覺接收到外在的刺激輸入之後，也會產生出身體的言行舉止，回應輸出到外在的環境。

　　我們身體的內在動靜會受到外在環境的影響而產

生反應，如：喜、怒、哀、樂……各種情緒，可以說我們身體的情緒是受到外在人、事、物的刺激而反應出來的，所以外在環境的世界會帶給我們刺激，同樣的，我們的言行舉止的反應也會帶給外在環境相對的刺激，那麼，外在環境的「情緒」會因我們產生什麼感受和變化呢？

敏感

在我的同溫層裡，敏感一詞常被用來形容一個人的特質，不論是正面的或是反面的意涵。

在我的觀念裡，敏感就是敏銳的感受。諸如：視覺敏銳、聽覺敏銳、嗅覺敏銳、味覺敏銳、觸覺敏銳……

我自己是觀察力敏銳，常常在街上發現硬幣、發票、小蟲子，甚至有一次騎車上山，還真的遇到有一

隻螳螂不要命地衝出來擋在路中央，傳說中的螳臂擋車？食物裡面發現灰塵、睫毛、頭髮、髒東西，對我來說是家常便飯。

再來就是對於自己身體的反應（觸覺）、內在的動靜（內省）頗為清晰。說出感受就跟閒話家常「今天天氣真好」一樣自然～

不論物質或是非物質，我們都會受到其他外在環境的影響產生變化，物質的冷、熱、侵蝕、固化……而非物質的呢？對自己來說的身體外在世界包括了其他人、事、物，對他人來我，自己也是他人的外在環境世界，我們輸出給外在世界的刺激，會讓他人內在動靜接受到什麼樣的感受呢？

因此，從我們感覺接收到外在刺激，到我們身體要回應出去的言行舉止之間，是經過了內在動靜的感知？或是直接就反應出去？

聆聽自己的身體，其實就在這個過程之間，自己的內在動靜感覺到了嗎？

身體與情緒的互動，一個人更有感受

獨處的時候，常常可以更深刻地感受到身體和情緒之間的互動。當我們沒有其他人的干擾和影響時，我們更容易注意到自己身體的感覺和情緒的變化，可以專注於自己的身體感受。例如，當我們坐在安靜的房間裡，我們可以感受到自己的呼吸、心跳和肌肉的放鬆。同時，我們也可以更容易地察覺到身體上的疼痛、不適和緊張等感覺。

這些感受可以幫助我們更好地理解自己的身體狀態，觀察自己的情緒。例如，當我們感到沮喪或憤怒時，我們可以細心地觀察自己的情緒變化，了解自己情緒的起因和原因。同時，當我們感到快樂或平靜

時，我們也可以更好地感受到這些情緒的力量和影響，幫助我們更好地理解自己，從身體的感受去認識自己。幫助我們更好地理解自己的價值和目標，並且維護自己情緒的健康。

以前會很想融入別人，因為孤單寂寞覺得冷，況且我是一頭需要做『人與人的連結』的獅子。但是融入了別人之後，又發現自己跟別人格格不入，因為關心的事情和別人不同，找不到知音，混在人群中我依然感到孤單。

狂歡，是一群人的孤單；孤單，是一個人的狂歡。

現在這些都不成問題了，我愈來愈懂得享受獨處時光，再也不會勉強自己融入別人惹，我現在做『自己與自己的連結』。

我孤單，我狂歡！

身體是心靈的容器

　　身體是我們生存的基礎，它是我們的載體，包含了我們所有的生命力量。然而，身體也是我們心靈的寄託，是我們表達自己、感受世界的途徑。當我們感到悲傷、緊張、焦慮時，我們的身體也會受到影響，表現出緊張、疲憊的症狀。同樣地，當我們感到愉悅、放鬆、平靜時，我們的身體也會表現出放鬆、柔軟、輕盈的狀態。

　　當外在環境對我們身體產生刺激時，我們的身體會產生內在的反應，會有情緒和感受。身體對於外在世界信息刺激的感應接收，存在著複雜的互動關係，這種關係可以被分為不同的層次，可從最外層、中間層和身體本身來分析：

物質身體

流動身體

潮汐身體

　　在最外層，存在著最多最廣泛的信息，如月球引力影響潮汐一般帶給我們週期性的浮動影響。這個層次可以被視為感知和認知層次，我們會被外部環境的許多不同刺激所影響，例如聲音、光線和氣味等。這些刺激引起情緒感受的反應，如興奮、焦慮或愉悅等往往是暫時性和表面的，感覺細微，但卻是無所不在的一種累積。

在中間層，與我們的身體感受、判斷、檢測、接受或抗拒排除的保護有關。這個層次可以被視為自我保護和自我調節的層次。當外部環境的刺激進入到這一層次時，我們的身體會進行更深層次的處理和反應。例如，當我們聽到一個非常大聲的聲音時，我們的身體會立即做出反應，例如跳躍或緊張。這個層次的反應可以被視為身體的反應和保護機制，以保護我們免受外部刺激的傷害。

最中間的層次是情緒感受進入我們身體並影響我們內在心靈的層次。當外部環境的刺激進入到這一層次時，我們的身體會產生更深層次的情緒感受和反應。例如，當我們經歷壓力或悲傷時，我們的身體會產生情緒感受和反應，例如焦慮、憂鬱或憤怒。這些情緒感受和反應可以深刻地影響我們的內在心靈，例如我們的情緒狀態、思維方式和行為反應等。這個層次的反應可以被視為內在的和持久的，因為它們是基

於我們對外部環境的認知和體驗而產生的。

其實你已經靜下來了

「在剛剛的過程中，因為外面有干擾，讓我很緊張，所以一直進不去。」

「進去？妳要進去哪裡？」

「就是…專心、平靜的狀態。」

「那妳要不要試著進去緊張呢？」

「哦？」

「當妳的孩子跑來說『馬麻～我肚子餓』，妳是想辦法拿掉（消除）她的飢餓感，還是關心（允許）她的飢餓感呢？」

　　我在帶領靜心活動的時候，最常遇到的問題就是「我靜不下來」。

　　有趣的是，當我們走在街上，或者在咖啡廳，周

圍的人聲、車聲、音樂聲……都不構成干擾，或是被你自動忽略？但偏偏當我們的焦點轉向內在時，外在的聲音"似乎"被放大了！

那正是因為，此時此刻，你處於一個專心、平靜的狀態，感官變得敏銳，一點點的波瀾起伏，立刻就可以被你辨識出來。

靜，不是什麼都不想，心裡完全無雜音，而是你可以「靜靜地」關照著內在所有的動靜。在這樣的狀態裡，其實你已經靜下來了。

你怎麼照顧外在小孩，就怎麼照顧內在小孩

身體和心靈之間的聯繫是如此緊密，以至於我們無法忽視它們之間的互動作用。如果我們忽略了身體的需要，我們的心靈也會受到影響。例如，當我們長時間忽視了飲食健康、運動等基本需求時，我們的身

體會開始出現健康問題，這些問題會影響我們的情緒、精神狀態和思維能力。

同樣地，當我們疏忽了心靈的需要，我們的身體也會感受到它的影響。例如，當我們長時間忽略了心理健康、與家人朋友的交往、與自然環境的互動等基本需求時，我們的身體會感到疲憊、虛弱，進而影響我們的健康。

因此，學會照顧好我們的身體和心靈。「你怎麼照顧外在小孩？就怎麼照顧內在小孩！」從這個關係，你應該可以理解身心靈相互之間的聯繫。

外在小孩指的是我們的身體，它有基本生理需要基本的照顧和關注，例如提供食物、水、休息、運動等。同樣地，內在小孩指的是我們的情感和精神世界，它們也需要得到同樣的照顧和關注。

首先，照顧內在小孩需要給予自己情感的支持和

安全感。就像照顧外在小孩一樣，我們需要給予內在小孩穩定的環境和關注。我們可以通過專注於當下的活動，如冥想、瑜伽等，讓自己更加平靜和放鬆。同樣地，我們可以和好友聊天、發泄情緒，或者尋求專業的治療和輔導。

其次，照顧內在小孩需要培養自己的愛和自我接納。我們需要學會接受自己的缺點和不足，並且珍愛自己的優點和特質。這樣可以幫助我們建立積極的自我價值感和自信心，增強我們的情感穩定性和健康。

最後，照顧內在小孩需要發掘自己的興趣和熱情。我們需要尋找自己真正感興趣的事物，例如藝術、音樂、閱讀等，並且投入到這些活動中去。這樣可以讓我們更加快樂和有意義，同時也有助於提升我們的心智和精神力量。

總之，我們怎麼照顧外在小孩，就怎麼照顧內在

小孩。通過給予自己情感的支持和安全感、培養自己的愛和自我接納、發掘自己的興趣和熱情等方法，我們可以更好地照顧好我們身體和心靈。

身體感受的自我療癒力量

我現在對於「療癒」兩個字的看法，跟以往有很大的不同。療癒不再只是去除身體的不舒服，讓身體或心裡的傷口痊癒，而是更單純的「暢通」，恢復身心的原型。

我現在也不愛講「疾病」，這兩個字太容易讓人黏著並且產生藉口，產生藉口就會產生依賴，有時候案主甚至連自己不想好起來都沒意識到。

我頂多用「症狀」二字，症狀就是個現象，這個

現象要告訴我的是什麼？（一句話說白了就是『我』沒有讓我的身體跟上整體的運作，所以第一件事情就是先回來好好地照顧身體）

「身心靈」這三個字本來就是全面向的，不會只是單一療法就能夠處理全部的問題。舉例來說：人類想靠疫苗一勞永逸，來達到百毒不侵的效果。（事情真的有這麼單純嗎？）

神醫我也接觸過不少，但我發現醫術愈高明的愈容易讓患者產生依賴，忘了自己該做的事，把自己的健康交給醫生負責。其實，所有的醫生真的就只是個陪伴者而已，能夠讓你好起來的永遠是你自己。

直到我遇到上醫治未病的智者，我才終於能夠好好地把焦點拉回到自己身上，重新審視「健康」到底是什麼。

我現在做個案傾向於飲食、環境、生活逐一檢

視，並且朝向身心意識整合發展。不然，一個環節調整好了，其它的環節還是沒變，原本調整好的又漸漸地死灰復燃，那不是做白工嗎？

身體感受療法的練習

透過『上課』，是一種有意識的覺察練習。

任何一門課程，都是（以那個人的視角）把生活中的某個領域抽取出來，從未遠離生活。因此每次上課都會聽到重點，即便已是自己知道的/c，或是曾經在別的地方聽過的。上課就是要讓人從中找到和生活的關聯性。

比方說，我本來就會呼吸，我去上瑜伽課幹嘛呢？其實是「去學一些我本來就會的」。但藉由頻率高或低、時間長或短、態度積極或消極……瑜伽帶給我的關聯性便是「有意識地呼吸」。

　　參加任何一門課程就跟練瑜伽一樣，會做一些平常少做的動作，或用一些平常少用的肌肉，但從未超出身體的範疇，並且帶給我諸多的感官體驗（含身體的感官知覺、心裡的感受、以及思想的歷程）。

　　我們總是從一個習以為常的領域跨越到另一個暫時不熟悉的領域，最後整合成適合自己的工具與意義。《聆聽你的內在小孩》帶給我的則是「有意識地察覺」。

練習人生：不完美的幸福

　　出書，不用完美啊！就當練習。

　　廣播，不用完美啊！就當練習。

　　工作，不用完美啊！就當練習。

　　教學，不用完美啊！就當練習。

　　創業，不用完美啊！就當練習。

愛情，不用完美啊！就當練習。

生育，不用完美啊！就當練習。

活著，不用完美啊！就當練習。

一想到我做什麼都不必完美，我的身心就鬆多了。

幸福，不需要理由；

幸福，不必要完美。

練習，不是為了完美而存在的；

練習，是為了不完美而存在的。

練習，是為了實驗、為了好玩而存在的；

練習，允許不完美、允許錯誤存在世上。

如果練習是一場密室逃脫，「錯誤」只不過是一條沒有通往出口的道路。沒有錯誤，就沒有發現，就不會知道什麼路行得通、行不通。但我們卻因為種種的錯誤，而背負了許多的挫折、自責甚至罪惡。

我喜歡說自己是練習生

旅行練習生

交友練習生

煮飯練習生

運動練習生

聽說讀寫練習生

邏輯思考練習生

瑜伽靜心練習生

藝術創作練習生

練習的「結果」可以差強人意

練習的「過程」可以全心全意

練習～好好玩、好好吃飯、好好談戀愛……

有誰要跟我一起練習？

學習運用身體感受的療癒力量

1. 接納 自我慈悲

『無論你呈現出來的是什麼，我都會如其本然地接納。』這句話深深地觸動我。

第一次從心裡念出來的時候像是吃了 HI-CHEW 一樣，有瞬間清醒的作用，身體節奏變得緩慢，整個人、整顆心都安穩了下來……我察覺到內在有被安慰、被救贖的感覺。

我讓這句話持續地縈繞我心，像是念咒語般，一整天看人、看事都不一樣了。

2. 聆聽 身體

2018 年八月，我在滿月的瑜伽課程中居然遇到了豐原人，一聽到我說想參加凌晨四點半的早課，就答應要載我，而且他家離我家走路才不到五分鐘…我才許願「規律」與「業力夥伴」不久而已，宇宙就不偏不倚為我送來了一位天使…😇

　　而這次的主題是「豐盛富足」，又恰好應了我的願，我當時的目標就是這個！這分明是為我開的！

　　雖然我現在跟昆達裡尼瑜伽這套法門比較疏遠，但是當時參與的共修團體，是我這 15 年來靈性追尋的旅途上，羈絆最深的家人。不僅是帶領人有著寬闊的胸襟，家人們都還住在彼此的心間，三不五時會關心、交流近況、甚至是一起出遊。

　　那兩年真的很爽！幾乎每天三點半起床，簡單盥洗一下就出門前往瑜伽教室，一路上黑鴉鴉的，天色、空氣品質、寧靜程度，完全都不是白天所能比擬的。眾人皆睡我獨醒，整個世界就好像只為我一個人而安靜下來，這樣的時光奢侈得令人難以形容內心的感動。

　　我們一夥人同在一起享受這僻靜時光，專注在各自的靈性身體，互不干涉，直到共修結束後再一起迎

接黎明曙光的到來…這樣的緣分對我來說真是不可多
得。

　　其實，除了在社群平台上給人留下活躍的印象，
大部分時候我是喜歡自己一個人的，我甚至會用宅男
來形容自己。以前不懂，以為這叫孤僻、冷漠、耍自
閉，還會為了無處可洩的寂寞找人取暖。現在學會了
陪伴自己，就輕鬆自在許多了，不再汲汲營營向外索
求。我喜歡跟人保持一點距離，我需要夠寬敞的空間
呼吸，才能夠裝得下我自己。

　　我帶著呼吸觸碰著我的極限，停留在「我所是
的」位置，持續地壓縮與擴張，而不是咬緊牙關，死
命地前進、挑戰、突破、超越我的極限。

1-2　從內在小孩的聽音中找回自己

內在小孩的聲音是什麼？

「我聽不到內在小孩跟我說話耶！」

常收到這樣的回應。

是的，這很正常，因為還不「習慣」內在小孩的語言。精準地說，是聽不懂而非聽不到。更多的時候，內在小孩是用非語言訊息讓你感知到它，肢體語言、眼神、表情、畫面、聲音、氣味、細微的觸動、

情感的變化等。內在小孩早已用過各式各樣的訊息在向你打 pass，企圖讓你知道它的存在。

只是我們在開始聆聽的當下，有許多變數，如同遇上網絡不順，手機訊號無法連線，就好像對照內在，或許也是情緒在糾結，因此無法真正靜下心來感受聆聽到自己內在小孩的聲音。

事實上，當你能感受得到情緒，辨識得出來此時此刻的心情，你就具備了聆聽內在小孩的能力。

如何聆聽內在小孩的聲音—接納

由於社會化教育我們如何適應環境，因此一般人都有自我保護的機制（這個反應機制被我們誤以為是本能），對於外在的刺激和接觸都以「限制性信念」的認知，用斬妖除魔的心態去迎戰，卻只認識到它的阻礙，想把一切移除並用新的取代。

但是真正當我們聆聽到內在小孩的本心，就能覺察「聆聽內在」非常地人性化，不會去打壓內在的任何想法與情緒，而是把每一個孩子都認回來。

人外有人，天外有天，我經驗到世界無比遼闊，原來它們都是帶著善意的，「接納」還可以一層再一層地往上（或者說深化），寬闊地接納發生於內在的一切歷程。

無論外在遇到什麼事情，當我回到身體，內在會產生智慧，事情會逐漸地明朗化並且迎刃而解，一切都被安排得妥妥當當的。

因此聆聽內在小孩的聲音，是一種自我覺察，有不同階段的「意識」，由外到內、由淺到深，而認知感受到我們自己核心本源是什麼的一種深感體悟。如何能夠了解自我覺察的技巧，不只能夠聆聽內在小孩聲音，甚至能夠從中汲取能量。

先打理心情，再處理事情：藉由澄心法整理內在空間，聆聽內在小孩的訊息

澄心法三步驟：察覺、認下、陪伴

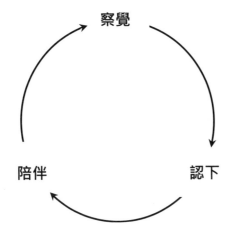

　　這三個步驟究竟要如何操作？澄心法是一門心理治療的技術，但畢竟這不是一本教科書，就讓我用一段散文來描述它的核心精神。

如實
如是
認出你的樣子
認得你的名字

不消炎
不止痛
不抗生
不丟原子彈

承認你的存在
接納你的存在
如你所是
如你本然

無論你是什麼
都是宇宙送來的
一份大禮

遇見聆聽，接納與回家

以前的我比較會從觀點著手：思考人生的目的所為何來？我是誰？我從哪裡來？我要去哪裡？我要做什麼？直到有那麼一天，我忽然察覺到自己不再那麼 care 靈魂三問了。知道了答案，然後咧？

直到 2021 年，突然浮現影響我最深的兩個字——「聆聽」——在我觸碰到它的那一刻，宛若天降甘霖，將我的身心由裡到外、徹頭徹尾地洗淨了一番。「我終於找到你了！」我像個孩童般欣喜若狂、雀躍不已，同時，又像個徒步千里的行者，某一天忽然感悟到這趟旅行的意義，頓時激動落淚、感動莫名，彷彿我的生命就是為了這一刻而誕生的。15 年來的自我追尋，如今一切都值了！一切都無憾了！

一切的一切都來得很快，而我就像是航行於大海上的舵手，卻從來都不必掌舵，我唯一要做的就是安

在當下，靜靜地看著這片海流要帶我前往何方，並且迎接每一刻的到來。自此往後，我愈來愈能夠跟我的身心在一起，不再自以為是地掌控念頭，而是如其本然地接納。15 年後的今天，我經驗到這樣的現象愈來愈多，一種老神在在的概念。

因為接納帶給我更豐盛的喜悅，和街上招攬生意的業務員，聊著聊著竟然可以同理到對方的內在。可遇不可求地和音樂家組成了樂團，並且參與了公開演出。出現了頻率契合的工作夥伴，一起錄製教育性質的廣播節目。奇蹟般的合作邀約從天而降，共同開創事業新氣象。更重要的是——我在「這裡」找到了家。

這一年來「聆聽」帶給我的變化。我察覺到自己的心愈來愈安，愈察覺愈臨在。天大地大，天地是我家，何處不是家，全家就是你家，原來心就是我家。我，到，家，了。歡迎回家。

　　當我一次又一次地聆聽內在，發現自己愈來愈能夠觸碰到生而為人的核心本質。我察覺到！當我愈察覺，我的內在愈安在，有一種「被守護靈守護住的感覺」。

重啟原生家庭的連結與力量

有人問我「愛是什麼？」

『願意為了對方改變自己，就是一種愛吧！而且是不委屈的。』

願意尊重對方的習慣，願意配合對方的習慣。

溝通的方法學了不少，每學到一套好用的方法，就希望另一半也去學學，自以為這樣雙方會比較好溝通。後來發現，當另一半或是家人完全沒有學過，我還是能把我的所學運用自如，這才是真功夫，這才是沒有以愛之名，行改變對方之實。

你不需要和我學同樣的方法，吃同樣的食物，做同樣的事情，卻同樣可以讓你感受到「我是愛你的」……這才是最成功的愛。

如何與原生家庭和解-生命回溯

　　沒有人天生就知道如何扮演好一名好兒子、好女兒、好丈夫、好妻子、好爸爸、好媽媽，每個人都是來練習角色扮演的，並從關係互動中獲得經驗與成長。

　　你不入戲，如何看見對方？
　　你不出戲，如何看見自己？

　　幫助別人，不見得會得到道謝；被人傷害，不見得會得到道歉。我意識到，道謝與道歉都是他家的事，與我無關。讓愛流動，寬恕與原諒才是我自個兒的事。

　　在家人之間我常用下面這句話來提醒自己：「家，不是講理的地方，是講愛的地方。伴侶也是！」我發現很多時候別人要的不是答案，要的只是一個回應而

已，內在小孩也是如此！

當我們經歷人生中的挫折和困難時，常常會想起自己的家庭和成長經歷。這些經歷和記憶對我們的人格發展和行為模式產生了深遠的影響。如果這些經歷和記憶是正面的，它們可以成為我們人生中的力量和支持；但如果這些經歷和記憶是負面的，它們可以成為我們人生中的包袱和阻礙。

生命回溯是一種回顧自己過去的方式，可以幫助我們重新發現自己的人格特質和價值觀，並尋找自己的人生使命和目標。這種回溯的過程需要勇氣和毅力，因為它可能會帶來痛苦和不快的回憶。但如果我們能夠堅持下去，就可以找到自己的力量和方向。

重建和平的原生家庭

在我們的人生旅程中，家庭是一個非常重要的存在。它是我們成長和發展的地方，也是我們的根基。但是，家庭關係往往也是最複雜和最困難的部分之一。有時，家庭的問題可能會對我們的生活造成深遠的影響，並且可能需要我們花費很長時間來解決。

家庭是一個系統，每個成員都有自己的角色和貢獻。如果某個成員遇到了問題，整個系統都會受到影響。要重啟原生家庭的連結與力量，和解也是很重要的一步。當家庭成員之間存在矛盾和分歧時，彼此之間的尊重和理解是復合的關鍵。通過互相傾聽、分享和表達情感，可以幫助家庭成員之間建立更深層次的連結和信任。

當然，建立和平家庭需要時間和努力。家庭問題不會在一夜之間消失，但是如果你願意開始付出，理

解每個人都有自己的人生道路和選擇，需要放下過去的傷痛，那麼家庭關係將會變得更加健康和穩定。

每一個能夠被「生下來」的孩子，都是被媽媽愛著的，無論在生你之前獨自經歷過哪些事，或是在生你之後讓你遭遇到哪些事，都改變不了愛你（或曾經愛你）的事實，因為「生產」伴隨著極大的風險——「死亡」。

一個願意冒著死亡的風險，也要把你生下來的女人，這樣的行為已經超越了「個體之愛」。某種意義上，媽媽形塑你的身體已經給了你「全部的愛」，因為一顆種子蘊含著長成大樹的可能性，因為一個孩子蘊含著長成大人的可能性。

媽媽，謝謝妳！我已經長大了，我有些想要的沒有被妳滿足，雖然我的內心有憤怒、有遺憾、有不安全感。但是未被滿足的部分，我可以依靠妳和爸爸給我的這副身軀，自己想辦法去獲得。

1-3 　探索身心靈的哲學靈性

身心靈健康的定義

　　曾經有一位朋友，在聽了我的工作之後，脫口而出：「我不需要心理諮詢，因為我很樂觀。」當下我沒多說什麼，只覺得這樣的回應很可愛，然後，我大概「陪伴」對方「閒談」了一個小時吧。

　　心理諮詢容易被誤解為「病人、有問題的人」才需要進行的「療程」。事實上，我的工作取向從不以解

決問題、解決病痛、解決困惑為主，至少，我是如此地看待自己的這份工作。這也是為什麼我漸漸地不講心理諮詢，而是「聆聽個案」，因為我真的只是一個陪伴者、聆聽者而已呀！

自我察覺不是以解決問題為導向

從事這份工作，我的內在不以諮詢師、顧問、教練或老師的身份自居，真正的「老師」活在你的身體裡，我頂多是個「助教」，在你有需要的時候，從旁協助做一對一的加強，加強你的自我察覺。不是從我這邊取得答案或方法，而是回到你自己的身上察覺。

「什麼時候需要自我察覺？」我自己打出這句話時覺得有趣，因為，只要是人類，無時無刻都活在察覺中，不是只有在極度憂傷、沮喪、想死的時候才需要啟動它。情緒有低谷也有高峰，當你看完一部電

影，內在升起莫名的感動並且持續好一段時間，那就代表你的內在有特別的話想對你訴說，這就是一個非常適合向內凝視的時刻。

悲傷的時候想找人傾訴，快樂的時候也會想找人分享。「特別的時刻」需要「特別的關注」，你可以來找我、找閨蜜、找麻吉，當然，你更可以找自己。

情緒也是有情眾生

科普一下壓力與情緒之間的關聯。其實，人體內會產生壓力，很大的原因就是來自於積累過多未被消化的情緒。工作上的憋屈、對於未來的徬徨、人際關係之間的難言之隱、某某某令我感到窒息等，各種不吐不快的心情不會因為時間而消逝，而是儲存在身體各部位的器官。長期下來，可能會有胸悶、背痛、五十肩、肥胖、高血壓等現象。

　　拿住家來比喻，如果房間裡堆積了太多雜物沒清理，會「消耗」空間的坪數，使得活動範圍受到壓縮，難以伸展。如果經常覺得這裡痛、那裡痠、精神不濟、睡了八小時依然沒有活力，是時候該好好打理情緒了。

　　普遍的作法，用好心情來沖淡壞心情，或者用正能量來驅散負能量。我的建議是，作為暫時性的轉移焦點是適用的，但你可能會發現，不見得每次都有效，如果百分之百有效，那這世上不會有人酒精成癮、性愛成癮、毒品上癮。（註：真實的你是無法被麻醉的）

　　有些人在狂歡過後依然感到孤單，有了情人陪伴依然感到空虛、寂寞、冷。所謂的報復性消費、報復性飲食，就是指內在那些總是被主人忽略的情緒的反撲。

身體是肥沃的土壤，能夠孕育出情緒，就能夠消化掉情緒。情緒本身是中性的，沒有好壞，拿好心情去對付壞心情充其量只是一種掩耳盜鈴的作法。

梳理情緒的時候，如果身邊有一位能夠承接住情緒的守護者，排解的過程會是舒暢的。比起諮商、諮詢，我更喜歡講輔導——我只是一個「輔助與引導」的角色。如果這個詞還是太生硬，那就稱我為陪伴者吧！

陪你哭泣，也陪你歡慶。陪你失落，也陪你天馬行空。我便是你絕佳的聆聽者。

自我接納從來就不是在觀點層次運作

當我責備，我看著我在責備

當我說教，我看著我在說教

當我討好，我看著我在討好

當我搞笑，我看著我在搞笑

當我不一致，我看著我在不一致

當我不同理，我看著我在不同理

當我不行善，我看著我在不行善

當我不助人，我看著我在不助人

不同場合、不同對象，我有不同的應對姿態，而我愈來愈自在。

沒有我不可以

沒有我不應該

沒有拉扯糾葛

沒有道德框架

自我接納從來就不是在觀點層次運作，如果是，當你緊張，我叫你「不要緊張」，你立刻「不會緊張」。

自我接納是全身心（腦、心、身、能量）一致的狀態下，才有可能發生的。此刻，當我說到這裡……你的內在有什麼樣的心情？你的身體有什麼樣的反應？

探索哲學靈性的世界

在一次的藝展回來之後，我的心靈莫名感到空空的。平時我是一個愛現的人，明明拍了不少五光十色的藝術品，卻沒有強烈的動力和慾望把照片上傳到社群平台。

我一邊沖澡，一邊察覺到內在有些聲音……

（原來淋浴模式是我獨有的預備環境、邀請空間、調頻儀式）

「膚淺」

我的內在吐出了這個詞彙！我進一步與身體核對：「啊！就是你了！」

我的內在有一部分，在乎品質、品味、有內涵、有智慧 -------- 「我看見你了。」

這些藝術品和我個人沒什麼連結
活動帶領人和我個人沒什麼連結
與其說是一名藝術家，我更覺得是一名商人

說到連結，讓我想起一個小農，一開始我明明是要跟她買農產品的，結果她卻跟我聊身體、飲食習

慣、土壤、植物、動物......

老闆一開口就讓我電到，就像是遇到知音了一樣，她的焦點都沒放在產品身上，而是和我這個人產生連結，深深地打動我的心，而且講到我都覺得我不必買產品了，因為談話的內容深具啟發性並且相當受用。

搞得我一陣尷尬與困惑「那現在到底是......」搞得我好焦急「小姐妳到底賣不賣？」

如果當時有時間，我一定繼續聽她說。你應該沒看過客人還要提醒老闆做生意的吧？

一個外顯是藝術家，裡子卻是個商人
一個明明在做生意，內涵卻是在關愛

天地宇宙的哲學靈性

不論大人、小孩都喜歡親近嬰兒和動物。嬰兒天真、動物自然，似乎天真和自然就會散發出一股奇特的氛圍吸引你我靠近。嬰兒不會矯情，動物不會假惺惺，究竟從什麼時候開始人類學會偽裝？

人腦有三個區塊，我們從意識的角度描述人類的身心活動。

人類與動物最大的不同

1. 人類與動物最大不同在於表意識與潛意識作用

人類跟動物都有痛覺、有情感，但人類會為每一種體驗賦予不同的意義，根據不同的意義可能會學習

到否認、抗拒、排斥、忽視、隱藏或麻木等種種防衛機轉。動物沒有人生目標，不會說我將來要成為什麼。動物「活著」就是意義，但人類需要「活著的意義」。

動物一旦遇到危機，不是排除危機就是拔腿狂奔，再不然就是進入假死狀態。直到危機解除，交感神經（警戒）下班，換副交感神經（鬆懈）上班。但人類下班了，交感神經有時候還沒下班，表意識還停留在過去與未來。副交感神經不能如期上班，身體就沒有辦法好好地休息、放鬆與恢復。

這就是為什麼有些人平常沒什麼病痛，一旦生起病來不是急性就是末期，因為長期切斷與身體的連結，以致於沒有「病識感」。來到我面前的人，常有人不來沒事，來了之後才這裡痛、那裡痛，不是我把你弄痛的，是你終於感覺到它了。

{夜深人靜時是不是蚊子的振翅聲相對大聲？就是這個概念。}

2. 重大事件有時候人類會採取「凍結」來應對，因為事件的衝擊超過當時的心靈所能承受的

如果回想起來很痛很痛，潛意識甚至會選擇失憶。事實上記憶還在，只是被潛意識「封包」起來，不讓表意識打開潘朵拉的盒子。心靈的傷，身體會記住。創傷後壓力症候群甚至會讓一個人的面相與心智「凍齡」，但不是很建議用這種方式讓自己看起來很年輕，因為身心會一直被鎖在那個時空。

動物可以迅速地從假死狀態恢復，但人類需要創傷療癒的歷程。在個案進行的過程中，你若是打開了潘朵拉的盒子，那代表你的心靈已經成熟（成熟≠堅強）到準備好要面對它了。我的職業道德是不允許強行撬開它的。

3. "放鬆"不全然是"美好"的體驗，因為身體的病痛與心靈的傷痛可能會在放鬆的過程中浮現

痛苦會過去，美會留下。細胞記憶所記得的遠比大腦記憶還多很多，細胞記憶除了你出生到現在的記憶，還包含了胎內記憶，以及造物主把你製造出來的記憶。研究指出，痛苦的回憶佔用的記憶體比快樂的回憶多了點。好消息！記憶體釋放得愈多，愉快的體驗就愈多。

安全是第一步，放鬆才是第二步。唯有大腦判定安全了，才會把主權交給身體。提供安全、安頓、安靜、安心就是我的工作。而這一切的大前提是「信任」，沒有信任什麼都不會發生。所以我總是感謝人家對我的信任，讓我可以在一旁見證奇蹟的發生。

{防衛機轉就是因為「不安全」才啟動的。如果一門課程會增加表意識的抗拒，還不如跟動物學習如何放鬆～}

與大自然的互動—人類與動物的不同(2)

同樣都是地球上的生命體，人類與動物還有另外的不同之處，是動物依循著本能（基因、DNA、內在程式）而活，人類除了本能之外，還多了科學家們不斷地在研究的「意識」。

因為有了意識，可以對一切體驗到的事物進行邏輯分析、比較、計算與解釋等，人會思考人生，但貓不會思考貓生。動物基本上都是活在當下的，而且不太消耗地球能源。人類打造都市、建造房屋、發展文化、創造科技等，動物則傾向於待在大自然，一切渾然天成。

至於誰活得比較快樂、幸福指數較高，這個問題就留給有覺知的你自行體會。正因為「有覺知」而有選擇，人類有能力不按照著既定的程式來體驗人生，不受限於某一個版本的自己。

人類與動物最大的不同——便是「覺」——單單一個字就可以把我這 15 年來的靈性追尋給說完了。

「覺」這個字，讓我意識到我是如何從一個飢渴難耐的熱血青少年，跨度到一個不再汲汲營營的熱血青少年？

因為我接納了內在的空洞，它可以是第一步驟亦可以是終極結果，整個「跨度」的歷程都在「同一個」內在宇宙發生！

我壓根兒哪裡都沒去，是與內在的自己相遇。

從天地宇宙的哲學靈性中獲得的智慧

當我所講的，與你所想的，彼此的理解是一致的，這樣才達到實質上的「和諧的語言」，就好像是「當對話遇到種子」。

「人」：主體、催化劑

「事」：客體、外在情境

舉例來說，你可以讓西瓜子長成西瓜，你可以為它找一塊肥沃的土壤種下去，日照充足、空氣清新、水源乾淨，灌溉它，滋養它，看著它成長茁壯。

你不是西瓜，也不是西瓜子，但你卻成了促使西瓜子變西瓜的關鍵人物。

有意識地運用語言這個工具，並且核對彼此的理解是否一致。

內在：要或不要

外在：隨順因緣

盡人事，聽天命！裡面做自己，外面交給老天。

[附記]

聆聽你的內在小孩—引導練習

https://sndn.link/simonlistening/rtq3Rr　　(or)

讀者可以實際透過以上連結免費 Podcast 音檔進行自我身體掃瞄的練習（同時也是澄心引導自我覺察的方面途徑）

◉ 預約聆聽個案須知：

(1) 若為線上進行，建議開啟視訊，雖為「聆聽」，但我的聆聽包含了臉部表情、肢體語言、眼神交流，整體而言，露臉的效益比不露臉好，但不強求。因為我的房間很熱，在家工作時我喜歡光著身子，所以不開視訊對我來說比較自在，但為了整體效益，我會穿上衣服犧牲色相。

(2) 沒有過不去的事情，只有過不去的心情，我的工作內容聚焦在心理層面，不負責解決外在事件。請勿跟我借錢。

(3) 我不是解惑者，我只是陪伴者，陪伴你走一趟內在的旅程。我相信每個人的內在都有個老師，我不會越俎代庖。新郎不是我。

(4) 自我察覺是每個人與生俱來的能力。你會在這個時候找上我，我將視為一對一加強班。你的眼睛加上我的眼睛，咱倆一起努力，看看老天爺要送你什麼大禮。

(5) 加強班不是保證班，未必一帖見效，請勿有過高的期待。為了發揮加強班的最大效益，並且節省你寶貴的時間與荷包，個案進行將以「半小時」為單位，期許彼此凝視核心。

(6) 最懂問題的終究是你，毋須常常依賴我，力量在你身上。我有信心，當你打理完心情後將能夠好好地面對事情。

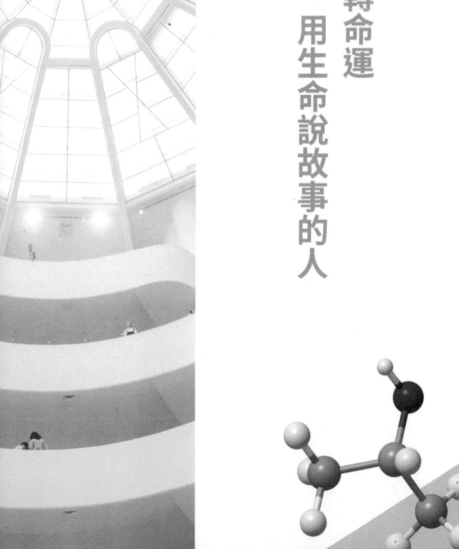

第二篇

逆轉命運 用生命說故事的人

◎ 黃美智　正能量導師

科班養成的學校教職導師，經歷年輕時的順境，又遭逢人生逆境，從生命谷底翻轉奮起重生再造的精彩，體悟了心靈真實力量，希望幫助大家也能探索出人生旅途中的寶藏，蛻變成為自己生命的能量。

前言

　　她，出生在台南醫藥世家，從小學業優異、衣食無虞的天之嬌女，帶著家族使命與父母的期望，第一志願考上台灣師範大學，成了春風化雨的老師！看似人生勝利組，但童年伴隨的是強烈孤獨感，中學更是被惡夢壓得喘不過氣，本該是無憂無慮青春年華，卻成了不想回憶的痛，學霸的她為什麼不快樂?她是如何找到人生的解方？十八歲恣意揮灑的年紀，到了花花世界的台北，開放自由的校園生活、精采豐富的聯誼活動，打開了世界的另一扇窗；出了社會，懷著對浪漫愛情憧憬，嫁給了認識不到三個月的白馬王子，但是童話故事不會告訴你，王子跟公主沒有從此過著幸福快樂的日子，而且還多了一筆五千萬的債務！她，從小養尊處優，不食人間煙火，面對突然其來的巨大財務壓力，她能夠挺得過來?五千萬，一般上班族一輩子都賺不到的錢，她如何撐過狂風暴雨？

2-1　人生的反轉--從重擔到解放

　　我生長在三代藥商的醫藥世家，看似錦衣玉食的富足人生，卻背負家族的使命與父母的期待，在升學主義掛帥的環境背景，「萬般皆下品，唯有讀書高」觀念，青春年華陪伴的卻是無盡孤獨與沉重壓力，我如何開始探索自我和尋找人生目標，是什麼樣的一個轉變過程？

與孤獨共舞的童年

　　小時候，我住的是日據時代四合院二樓磚造的洋房，當時全村唯二的二樓洋房，現已列入古蹟。我的

父親經營一家近百年的中藥房，繼承了祖父、曾祖父家族事業，是第三代藥商，在台南當地是知名的藥房，常有遠道而來的病人，抽到廟宇的藥籤，指定來我家抓藥治病；我的曾祖母是大地主千金，我依稀記得在大宅院裡，她優雅的氣質與三寸金蓮；我的祖母是醫生的千金，來自仕紳家族；而我的母親卻出身一般農民家庭，當時男尊女卑的環境，國小一畢業就要工作賺錢，供應哥哥們繼續讀書。

母親憑媒妁之言，只看過照片，見過幾面，就嫁入人人稱羨的望族，但看似幸福的人生，卻因父親生在富裕之家，承受不住曾祖父突然離世，不清楚自己人生目標，整天吃喝玩樂，結交酒肉朋友，不事生產，跟從小辛苦賺錢分擔家務的母親個性天壤之別，註定了婚姻不幸福的開始。

母親對我的影響甚大，身為長女，不能讓母親工作與家事擔憂，我出奇地聽話懂事，在學校認真聽

課，從不讓母親操心。幸運的，在鄉下學校讀書拿第一名猶如探囊取物，我還破了全校紀錄，從幼稚園到六年級，年年都得模範生，還代表全校到縣政府授獎。

　　從小住在四合院的大家族影響我頗深的是我的四叔公，他是農會總幹事，能言善道，說起歷史如數家珍，我才知我們家族是全村大地主，滿山遍野的土地農地，　但隨著國民政府實行大規模的土地徵收，擁有的土地已大不如前，再加上後人不擅經營，已經是家道中落的窘況。在我幼小的心靈，已悄悄地立下志向，光耀黃家家族的使命感。

兒時我和妹妹
在老家四合院的合照

看似光榮家族的模範生，但我的童年總結卻是孤獨。因為我是帶著家族期望與父母期許長大的孩子，我要光耀黃家門楣，我必須努力，而藥店生意全年無休，沒有休閒活動，我的童年娛樂就是電視，父母的關係緊張，兩人爭吵不休是我童年的印象，母親的精明能幹與父親的沒有作為成了強烈的對比，我學會隱藏自己情緒，扮演懂事乖巧的小孩，我像是家人情緒與衝突的壓力鍋。

而我是誰？我將何去何從？是我童年常常思考的問題。

惡夢嚇醒的中學

進入國中後，被家人安排到以嚴厲管理出名的私立貴族學校就讀，國中生活就是一張又一張的考卷，

一天考七八科是家常便飯，而拿高分不再是輕而易舉，我被規定的標準分數是九十分，未達目標一分打一下，有一次因為考試忘記翻面，考了最低分七十五分，被英文老師以掃帚痛打近十下，我終於忍不住痛哭失聲，還被嘲笑哭聲像牛叫，這樣羞辱更讓我加倍努力，我必須再加油，不允許有任何失誤。從此以後，我除了睡覺時間，無時無刻，沒有不在讀書，在公車上背英文單字，吃飯時複習國文重點，洗澡時背社會筆記，假日在家寫數學，颱風天也要到校，風雨無阻，全年無休，手不釋卷就是我中學的真實寫照。即使沒法帶書，浴室的鏡子就是我的筆記本，我的腦袋塞的全是考試重點，幾近瘋狂的讀書方式，讓我一度懷疑得了強迫症，我不敢靠近走廊欄杆，尤其是往下俯瞰，有一股負面聲音油然而生……

　　國中三年瘋狂讀書，不意外考取台南女中，但我的終極目標是頂尖大學，高中三年才是關鍵，尤其當

時大學錄取率不高，考上頂大是萬中取一的機會。最後家人決定還是讓我直升，令我午夜夢迴，噩夢驚嚇的私校。高中壓力稍稍紓解，因我選擇了社會組，不是家族期望的自然組醫科班，這是我求學時的第一個叛逆，但三年高中生活，依然沒有音樂課、輔導課、體育課……因為對升學沒有幫助，一律改上英文、數學，國文等主要科目，我想為什麼一定要盡其所能地考上第一志願，因為如果再重考一年的話，我的人生鐵定會崩潰。

即使已經是離開中學數十年的我，仍時常會夢到考試的情節，像是突然有某個題目我完全看不懂，腦筋一片空白什麼都想不起來；或者是忘記準備當天考試的科目；又抑或是夢到我從高處不斷地往下墜落……最後夢醒，嚇出一身冷汗。

遇見天堂的大學

　　背負家族使命與母親的期望,我終於考上第一志願——國立台灣師範大學!當屆同村小學同學只有三位考上大學,其他同學早已工作賺錢,甚至結婚生子,鄉下地區學生能讀大學已不容易,能考上台灣師大更是鳳毛麟角,爸媽還放鞭炮慶祝,儼然成了全村之光。

　　記得大學開學註冊前一天,媽媽帶著我搭車到台北,第一次是幼兒時來台北已無印象,這是第二次來台北,像是劉姥姥進大觀園,五光十色與大樓林立的市區街景讓我目不轉睛,從此以後離開孕育我青春年少的家鄉,嶄開人生奇幻之旅。

　　開學第二天,我在師大交誼廳遇見了一位黑頭髮

黃皮膚，卻說著流利英文，穿著低腰褲緊身衣的華裔美籍女生，邀請我參加一場教會活動，在一陣雞頭鴨講後，只聽到教會有很多 ABC，可以認識各式各樣的人，對於剛脫離升學壓力與傳統枷鎖的我立即答應，這一次偶遇，改變了我的命運，童年苦思無解的問題，終於有了答案。

原來愛是人生一切問題的答案！我童年的孤獨是因為父母關係衝突，家庭氣氛緊張，我沒有朋友，我不知道怎麼關心別人，我的人生只看自己需要，我不明白愛，也沒有愛的能力。

我看到一群傳教士放棄優渥舒適生活，來到完全陌生環境，無私無償的付出，而這樣的大愛不可能單靠一個人能力，是從上帝而來。「上帝就是愛，住在愛裡面的，也住在上帝裡面，上帝也住在他裡面。」(約翰一書 4:16)「我就是道路、真理、生命。」(約翰福音 14:6)「你們必曉得真理，真理必叫你們得以自

由。」(約翰福音 8:32)多次讀經禱告，參與教會活動，從小困擾我的人生問題，都找到了答案。我學習愛，除了被愛，我也能有愛人的能力，愛不只是男女的小情小愛，對朋友的愛，對家人的愛，對社會的愛，以及對所有不認識的人的愛，更要與過去的自己和解，原諒傷害自己的人，原來不快樂的源頭首先要懂得原諒，願意為傷害自己的人祈禱，為所有關心的人祝福。當我世界被打開後，我被賦予了全新的眼光與能力。

我不再感到孤獨，隨時隨處我都得了幫助；我不再感到壓力，因我的擔子不再一個人扛。過去只會死讀書，內向安靜，一開口就結巴的我，主動擔任校友會會長、社團負責人、聯誼委員會主席，活躍於各社團，我明白要成為世上的鹽跟光，不再是一個躲角落的邊緣人，我挑戰內心害怕，在人群中主動發言，克服軟弱，成為剛強！

　　我找到了人生解方：「我知道怎樣處卑賤，也知道怎樣處豐富；或飽足，或飢餓；或有餘，或缺乏，隨事隨在，我都得了秘訣。我靠這那給我力量的，凡事都能做！」(腓立比書 4:12-13)

大學時的同學

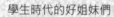

學生時代的好姐妹們

2-2　逆境奮鬥求生

　　遇見愛情的美麗人生，卻突如其來的墜谷崩盤，經歷負債八位數的打擊後，如何還能不輕言放棄？為了還債，如何開始斜槓的人生？如何抓住機會，度過難關？一個永不放棄的人生態度，重振人生的奮鬥歷程。

奮不顧身的愛情

　　大學畢業實習後，順利分發到國中任教，開始穩定工作與收入，我才明白女老師是婚姻市場擇偶條件第一人選，因為永遠不缺有人介紹黃金單身漢，從科

技新貴到大學教授，從土豪到醫生，年收破百萬以上比比皆是。但對於家庭環境富裕，從大學就領公費，一畢業就有高薪收入，金錢一直不是我的第一考量，一直沒能遇到互相喜歡的有緣人。

一直到拉緊報的二十九歲的那年暑假，同事說要介紹一個朋友，因其他同事都回家了，結果只有我有空赴約，因此認識了先生。初見面時他獨自講了二個小時，發表對教學課綱與教材研發高見，我當時只是佩服他滔滔不絕地高談闊論，一直到觀賞校友管樂團演出，他身為校友管樂團多年首席，出場時的翩翩風采，表演時的全神投入，真正令我傾心。在一次看歌劇演出時，劇情內容我絲毫無感，他卻哽咽了，這是第一次有男人在我面前掉淚，只是因為單純旋律而動容，他真的跟其他異性有人很不一樣，就這樣，認識不到三個月時間就決定結婚。

先生私立大學學歷，學的是豎笛，讀的是音樂

系，剛跟朋友合夥創業，公司草創時期，沒有高薪收入，沒有房子車子，學經歷與身家背景在家人眼中只是普通，親朋好友不解，為什麼偏偏喜歡上我先生，愛情本身是毫無道理可言，我想是在他身上看到自己的不足。

當時為了升學，我犧牲了學習才藝與發展興趣的機會，學了好幾年的鋼琴也中斷，我只讀考本教科書，只看上課筆記本，跟聯考無關的一概放棄；但先生卻為了喜愛的音樂，選擇一條很少人走的路，原本是前段班的數理資優生，卻開始學習豎笛，讀古典音樂系；他才華洋溢，博學多聞；他溫文爾雅，言之有物；他心思細膩，善良有靈性，具有吸引人的獨特氣質，這些特質在世俗中是難能被量化的。

在母親的年代，女人沒有經濟能力，嫁給有錢老公，才能翻轉命運，愛情與麵包，只能選擇麵包；但現在女人經濟獨立自主，麵包可以自己賺，如果沒有

愛情，婚姻難道只是利益的交換與結合嗎？

天崩地裂負債五千萬

　　結婚後，開始了柴米油鹽醬醋茶的生活。大兒子維維跟二兒子阿邦接連出生，生活開支與日俱增，這時先生與人合夥的公司卻出現重大財務危機。公司草創時設立在二十坪大的住家大樓，主管及員工四位，隨著業務規模擴大近百坪的商業大樓，員工人數高達二十位，公司的人事管銷與產品研發成本持續擴大，但公司資金與業務收入不足，現金流量不能負擔銀行債務，最後宣布公司破產，而身兼公司股東與保證人的先生，一夕崩盤，跌入人生谷底。

　　由於初創公司的主要負責人以公司名義四處跟人舉債後就消失了蹤影，留下我們承受擔保公司的債務責任，使我們陷入了嚴重的負債危機，除了多家銀行

負債，公司欠繳稅款，以及擔任公司保證人，名下債務高達五千萬。對於一個領固定薪資的老師，面對負債的天文數字，心境瞬間從天堂墜入人間煉獄。

我們一度陷入絕望，不知道該怎麼辦才能擺脫這個困境，此時心中湧起一股聲音告訴我：「你若能信，在信的人，凡事都能。」(馬可福音 9:23)我知道在上帝沒有難成的事，沒有全力以赴就不會知道生命的答案。

從經歷負債八位數的打擊，我們在自己能力所及的範圍內尋找機會，第一步我們主動與債權人協商，以保住我教職穩定的收入做為償債的基礎，再來節省不必要的開支，控制每個月預算，但節儉並不能解決問題，我開始思考更多的機會，先生也在尋找其他工作來增加收入。

我白天是誨人不倦的老師，晚上是舐犢情深的母

親，隨時隨地更要化身為先生最佳賢內助，二十四小時全年無休，我們像是轉出去的陀螺，不停歇無止盡的工作，沒有時間可以怨天尤人，任何難過傷心於事無補，甚至是一種奢侈，我們只有一條出路，定睛往前奔跑，沒有退路。「忘記背後，努力向前，朝著標竿直跑。」(腓力比書 3:13)

絕處逢生的微光

「我知道我向你們所懷的意念，是賜平安的意念，不是降災禍的意念，是要叫你們末後有指望。」(耶利米書 29:11)

看著嗷嗷待哺的兩個幼兒，我們沒有悲觀的權利，更不能讓家人為我們擔心。也許是從小對金錢的安全感，抑或是對上帝的信心，我相信有些事情不是

看到希望才堅持，而是堅持了，才會看到希望。

　　機會終於來了，藉由鄰居朋友介紹，先生透過直銷開啟新事業，由於直銷事業沒有收入的上限，對於八位數的負債來說，絕對是最好的機會。過去先生從事數位內容與網際網路行銷，經營的直銷事業是幫客戶建構網站系統，透過網路行銷，加上先生精通商業模式與教育訓練，訓練課程淺顯易懂，內容深入淺出，在直銷經營團隊得到更多的信任並且成為表帥，組織團隊和收益不斷快速成長，透過訓練課程與零售開始賺取第一桶金，再藉由組織行銷與直銷事業的優勢，結合人際網路與網際網際，開創新的事業機會，我們因而接連賺到好幾桶金。

　　過去我是一個淡泊名利的老師，成為富人不是我的目標，但面臨負債八位數的壓力，深刻體驗到捉襟見肘，挖東牆補西牆的生活，我知道成為富人是責任，也是目標。而窮人跟富人的最大差別，就是欠缺

野心。我在直銷事業看到了無限可能，但雞蛋永遠不能只放在一個籃子上，於是我思考著除了教職固定薪水加上直銷經營之外還有什麼收入可賺？

這時我遇見了人生的貴人—林有輝財務教練，我學會如何管理財務與建立富人習慣，開始踏入財富自由的人生。

2-3 破釜沉舟的逆襲重生

像是一個重新定位的人生，經過持續不斷的奮鬥，並且開始反思人生價值觀，我找到累積財富的焦點就在資產管理上。在成功轉型經營房地產後，不僅能夠穩定財富並且還能追求更高的人生價值，進而回饋社會的生命後半場，體現出對於命運逆境的自我拯救和對人生的反思成長。

遇見貴人開創新格局

林有輝財務教練，跟眾多房地產老師最大的差別，在於他教房產、更教心態，如何建立正確的信

念，養成富人的習慣。如：每日一感恩練習、每周百萬美元冥想富習慣、每月收入資產配置，多元與被動收入報告……他擁有豐富房地產經營智慧，經過他的引導，我發現自己真正的夢想是擁有自己的房地產。

透過不斷練習學習，我的收入應該如何配置，資產如何配置；分辨何謂投機錢、保命錢、投資錢，並創造多元收入並被動收入；每周百萬美元冥想，看著國債數字不斷增加，想像存摺數字不斷增加，看見錢愈來愈多，看見世界，充滿機會；每日一感恩練習，感恩自己與周遭人事物，感恩金錢，帶來智慧與能量……不再因為貧窮限制我的想像，於是我更積極地學習和研究有關房地產的知識和市場趨勢。在一次網路課程中，我結識了一位有豐富房地產投資經驗的房產專家，分享了他的經驗和技巧，邀請我加入他的投資團隊。

原本負債的壓力，買房是一種奢求，更何況新北動輒一坪五六十萬開價，對於首購族更是龐大壓力，透過房產專家與團隊建議，我的第一間房選在桃園市，近桃園藝文特區，對面是一所小學，中古電梯華廈，格局方正，竟然一坪只要十七萬，不到五百萬總價，簡直是天方夜譚，只思考不到十分鐘就決定下手，因為我已經做了一陣子功課，看到符合條件物件，出手務必快狠準，因為稍有疑慮，就會被人先搶走了。這一次經驗讓我很有信心，這就是「有土斯有財」的安全感。

由於買的是電梯華廈，不是需要隔間出租套房，修繕費用低廉，地點又是精華區，租客來源也很穩定，也不用擔心無法出脫問題。我原是一個北漂租屋族，我也能將房子出租給適合的租客，看著整理乾淨的房子，提供給需要的人，一個遮風避雨的地方，內心也感到踏實溫暖。租金產生的現金流，得以負擔每

月的貸款利息，並能創造更多的收入，這是我從沒想過的。

億萬房產家族夢想版

　　透過學習房地產的知識並且實際參與過程，我愈來愈清楚要能夠翻轉負債八位數就是要創造九位數的資產，相當於每月二十萬以上的被動收入。我關注在資產管理，原來資產能做為一種財富的累積，同樣以薪水和獎金去還債，我們只要用心多做一件事，將薪水和獎金先去購買房地產，再從房地產生出的租金收入同樣也可以拿去還債，只是多一道程序，把收入變資產，資產再衍生出被動收入，再以被動收入去還債。從原本的收入直接還債，改成轉換成資產的被動收入去還債，同樣是解決一個問題，但過程中我們得

到了資產的累積，解決了債務的同時，卻擁有新的資產可以繼續為我們持續增加收入。

在投資團隊的幫助下，我逐步擴大自己的房地產投資組合。我學會了如何挑選物超所值的物業，如何將物業翻新和升級，以及如何透過房地產出租和賣出來創造被動收入和資產增值。慢慢地，我的房地產投資帶來了越來越高的回報，我的財務狀況也越來越穩健。現在，我已經擁有多個物業，我們的財務終於由負轉正，並且成功累積資產，實現財務自由。每年的租金收入足以支付我的所有支出，並且還能夠繼續增加我的資產和投資組合。

過去每月能繳清家裡的帳單與債務是我最卑微的希望，生活的壓力與負債一度讓我忘記了自己的夢想與使命，如今兒子們也已成年，光輝黃家門楣，重建家族榮耀，夢想藍圖正逐步完成，我從負債五千萬的人生逆轉，正邁向下一個億萬房產家族的第二人生。

家人、親友是人生最幸福美好的陪伴

分享回饋財富新世界

我從這段經歷中學到了很多，學到了要勇敢地面對挑戰，學到了如何把握機會和運用自己的技能和知識來實現夢想。我也體驗到了負債和困難是暫時的，只要保持積極進取的態度，付出努力和智慧，就可以實現逆轉勝，開創更美好的人生。

透過分享自我人生翻轉，並回饋社會來實現更高層次的人生價值，並開始關注人生的教育。

　　人生亦如一門資產管理的課題，首先態度決定一切，正向積極才有機緣巧合遇見貴人，透過每日不斷學習建立富人習慣，亦能體悟人生的資產管理和風險控制，並且能夠以保護自己的資產與人生，確保長期穩定的收益，創造不平凡的人生。

　　「山窮水盡疑無路，柳暗花明又一村。」生命峰迴路轉，以為迎來的是狂風暴雨，但只要堅持不放棄，轉角處又見陽光普照的燦爛。如果人生以打牌來比喻，拿到什麼牌，抑或是未來如何，不是自己能控制的，如何打好手上的牌才是真正考驗。

　　「安得廣廈千萬間，大庇天下寒士俱歡顏。」這是詩聖杜甫苦民所苦的大愛，我比不上詩聖聖人的胸懷，但願以自己的故事能幫助到有債務壓力，想擁有自己家，想得到財富人生的朋友，產生正向循環的能量，我能，你們也能！

　　最後獻給一路上走來幫助過我的人，我的母親，我的家人，我的貴人，我的朋友，感謝上帝！

　　「我雖然行過死蔭的山谷，也不怕遭受傷害，因為你與我同在；你的杖你的竿都安慰我。」(詩篇 23:4)

正向精彩人生的夫妻和全家福照

第三篇

善用人脈力量
樂活職場與事業的精彩人生

◎高健智

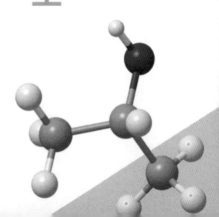

◎ 高健智　被動收入教練

結合工作和興趣享受職涯，又因被動收入而蛻變出更豐富的人生，一路經由人脈帶來的好運，源自真心孕育的好關係！現今要將人脈所得的實踐回饋，幫助人脈種植被動收入的好「福田」。

前言

人生不應該只有一份履歷。

試想，不管你我現今正在從事什麼工作和事業，必定都跟我們曾經接觸過的環境、學習以及人際交流的經驗有所關聯。大多數人對於這些經驗和履歷的關注可能都在職場工作的專業領域上，所以談到人生履歷這件事情，大家可能都忽略了一件事，也就是影響我們人生的經驗不只是職業而已，影響我們人生最重的事情，其實還有財富以及人際關係，因此我們其實還有「財富的履歷」以及「人脈的履歷」，這個部分也是我們人生非常重要的「存摺」

在工作事業以外我們所累積的人脈和財富的經驗有哪些東西？人生偶爾可以試著停下腳步，走出職場外的「視界」，檢視屬於自己的人脈和財富的人生存摺，看看是否真正滿足？

3-1　社交特質啟發職涯探索

　　一個人具備的天賦或許並不是一見就看得到，人生也不是一開始就知道自己適合做什麼，我們選擇走那一條路？憑藉自己喜歡的事未必做得來；有能力的也不一定喜歡做，都是要經歷過後才能得知斤兩如何去拿捏加減，若找到自己熱愛又能上手的事，讓工作也能成為人生的志趣，則是幸福、也是幸運的。

與人相處的喜樂

有了比較之後才發現自己真正熱愛什麼！

原本我是一位理工科畢業生，順利進入高薪的科技公司工作。然而，我發現自己並不喜歡這樣的生活方式，每天面對的都冰冷的機器設備，沒有實際人與人之間的交流溫情。

大學時，我參加的是康輔社，經常帶領團康活動，喜歡與人互動。在實際接觸團康與遊戲互動之中，我發現我比其他同學更加擅長人際交流，正好社團的活動能夠讓我發揮自己的長處，能夠在帶給他人歡樂的同時也滿足自我。

從大學讀的就是理工，依專長領域，畢業後以科技工程師身份順利進入科技廠工作，薪水優渥，工作

穩定，按照世俗觀點看似就是一個正確而美好的人生劇本。看似一切都很美好，但我發現自己的興趣和價值觀與這份工作並不符合。

但是這個工作隔絕了日常與人的交流接觸，我發現自己不再喜愛在電腦前工作，無法像學生時期的社團生活一般，能夠滿足他所帶給人們鼓舞和歡笑的成就感，我渴望更多與人互動和社交的機會。比起學生時期在康輔社的樂趣和成就感，我認為自己適合能夠帶給別人歡樂並滿足自我的工作。

後來我以前的社團夥伴找我一起去某家旅行社試試，突然令我燃生出一股活力，選擇旅行社的原因主要還是因為能夠接觸到人，才是我自己真正的熱愛吧！因為它可以人跟人的直接交流，又跟活動相關，我可以把它原本自己熱愛的活動，變成是我喜愛的工作，又可以賺錢。何樂而不為？

　　當時我在科技公司的試用期也剛好過了，主管約
談將我薪資提高到 4 萬轉升正職，結果我就跟他說：
「不好意思，我已經決定要做什麼了。」

發現「上山、下海」才是自己的熱情和動力

人脈關係相互支持找到新方向

旅行社的職涯算是我人生真正重要的開始，會去到旅行社也算是人脈串連而來的，因為是大學時期社團夥伴找我，也是和他一起去面試。

在大學時期加入康輔社，我有一個要好的帶團夥伴，我們的角色比較像是帶領類似救國團那樣的活動，帶團夥伴之間的感情其實都非常好，因為一起在外面帶活動忙一整天，經常忙到很晚甚至半夜都一起洗澡，任何困難和喜樂都一同經歷。

我會進到旅行社，就是那位好友找我，他想要去應徵旅行社，因為是大學社團夥伴所以他就想到我，然後問我說，欸，要不要一起去？當時我在科技廠的工作正好也是試用期滿，去旅行社應徵，其實先是他自己在想，也在猶豫到底要不要去。然後過沒幾天，

他就問我說：「你的決定怎麼樣？」我就說：「走吧！我都已經辭職了。」反而好像是他被我霸王硬上弓，就這樣一起進到旅行社了。

然後這間旅行社的公司發展方向，也專注只做學校的活動，像是學校的畢業旅行、校外教學這一類的戶外活動。我到旅行社也就是幫忙擴展這些活動業務，原本旅行社在新北市各校承接的案量已是龍頭了，不論畢業旅行或校外教學的活動與學校承辦的業務談的其實都是標案，每個活動都要提企劃案跟學校接洽，然後參與標案說明會，拿到案子，後面才由領隊去執行，而我做的就是那個業務端，在旅行社原本已在新北市站穩了腳步，但還沒有打入台北市，於是由我繼續幫公司擴展台北市，我先熟悉整個有關學生旅遊活動的 SOP 流程，包括從一開始先出團，從領隊體驗過後，思考怎麼規劃活動去跟老師溝通，然後才開始做業務以及提案。所以我就從各個國中高中一間

一間跑，然後一間一間標，大概花了幾年時間，台北
市各校的校外活動幾乎大概八九成就都是我們在服
務。

　　到後來我就當上主管，負責所有跟學校有關的業
務活動，做到一切都很安穩之後，當人生已經擁有了
一定財富地位的高度，並且滿足於舒適圈中，要再做
一次人生跑道的轉換，所要承受的得失風險真的會令
人非常猶豫，那是比任何累積的艱辛業務經驗挑戰更
加困難百倍的一件事。因為已到中年，事業有成，年
薪 2、300 萬的條件之下，選擇再轉職？背後究竟是
什麼動力？

3-2 不動產事業之路—資源共利的人脈事業

　　在整個人生的過程之中，不同時期任職的工作都有不同階段的意義和目的，畢業初進社會是為了奠定能力、累積財富第一桶金的基礎，再來是責任與專業，而最終在職業上擁有了一定成就，自我實現的價值應該是要帶給己身之外的其他人什麼樣的貢獻，才算真正有意義呢？當我發現不動產能夠創造更龐大的規模經濟，影響更多人的財富命運，那麼就從身邊人脈的夥伴關係拓展出去。

人情信賴引領的置產機運

現在想起來，真正能夠信任一輩子的人脈，其實都是在學生時代認識的夥伴，因為那時候沒有任何社會和職場上面的利害關係，那種彼此間的信任感是最純粹的，有革命情感。就算我們畢業之後，康輔活動都帶完了、離開了，然後可能各自在社會上各自的工作，就算再忙碌或可能很長一段時間沒有聯絡，但當再度碰到面的時候，那種感覺就回來了。

而在職場上也可以成就出一段人情的機運，當時在旅行社有一位業務同事跟我提了離職，其實他是轉職到一家建設公司去做不動產，但他又不敢跟我講他去做不動產，因為他也是學理工的，跟我說他是去新竹的科技廠，就是回到老本行，我說好吧，你有你的想法，那就沒關係。

事隔一兩年後有天他回來找我，問我要不要去桃園買房子，因為一直以來就是自己的好夥伴，然後我就跟他去看，我因為住在台北，沒有地緣性的需求，原本沒有打算要買，但他說這可以買來收租，他會幫我管，然後我想想那也不錯，就當作存錢，反正我又忙，又不用去擔心租客的問題，從頭到尾這間公司都會幫我打理好，我就放心交給他了。

職場舒適圈的犧牲代價

旅行社的業務雖然很順利，但是必須花很長的時間在工作上，相對於家庭的時間就很少。然後因為也是服務業，面對最大的是責任問題，只要是顧客有客訴，身為主管你都要去面對。

曾經有一個讓我印象深刻的就是協辦學校的旅遊

活動，過程中安排一個戶外體驗的遊戲課程結束，有一個學生回來吃完飯沒多久，就在準備進房休息的時候，突然倒地不起，我們的領隊幫他立即做 CPR，然後等救護車來，還沒到醫院的路上就已經失去呼吸心跳了，我在台北辦公室接到電話就直接開車下去醫院看，陪伴家屬處理後續。之後是我覺得最難過的事，因為家長開始會邁入一個無理性的責備，質疑我們為什麼用完餐要馬上安排進行激烈運動，我說我們是進房，不是繼續運動，吃完飯拿行李回房間不是很正常嗎？反正家長為了要求賠償就會找一些碴，抱怨學校、抱怨旅行社，然後變成責任無限上綱。

然後另外還有一個案例，就是我們舉辦露營活動，會有分站遊戲，其中一站是 BB 彈定靶射擊，一位學生突然把槍拿反了，還來不及制止他就扣板機了，結果打到後面同學的眼睛。然後我又是從台北趕到新竹馬偕，還好受傷同學的眼睛沒有大礙，但是家

長就是把它擴大成很嚴重，直接提告。然後我們就幫學校處理，後面法院的傳喚、協調、偵查……光這樣搞就一兩年。

雖然責任部分都有保險，但家長會認為那只是理所當然應有的理賠，你們旅行社的誠意在哪裡？因為我覺得我們很盡心盡力在幫學校辦活動，但是往往遇到這種事情，隨著年紀慢慢大了，不免也就開始有了倦情。

直到跟轉職同事任職的建設公司買了一間房子收租後，自己慢慢也能體驗到什麼叫主動收入，什麼叫被動收入，旅行社的待遇雖然還不錯，可是那是主動收入，買房收租就是被動收入。

職涯轉機發現新熱情-不動產財富事業

再轉職換到建設公司服務，又是跟科技、跟旅行業完全不一樣的領域。

由於跟這家建設公司買的房子，交給它幫我管理收租，完全不用我擔心租客的問題，從頭到尾這間公司都會幫我打理好。我甚至沒有很認真去在意買來後出租的狀況，其實我連房子的住址，都常常不記得。

像這樣子的經營模式，從購屋到交屋後協助屋主代租代管的建設公司，在當時幾乎沒有，其實至今台灣也很少看到，所以一般大眾其實也很難去了解。因為一般房地產買賣都是跟仲介或代銷買，你跟代銷買，房子蓋好，代銷公司換別的建案去賣了，代銷小姐也就找不到，反正已經跟建商銀貨兩訖，當你要

賣，你就要找房仲，你若想出租房子，房仲也是幫你租掉，然後就沒他的事了。

而這家建設公司經營的方式是把房子賣給你，你若真沒打算自己住，那麼它幫你租出去，你就純粹當房東收租金，房子的產權是你的，完全沒有問題。

建設公司老闆的概念是選擇好的地點，把房子蓋得好，未來要好租好賣，他的行銷方式，也不是打廣告，也不是交給代銷公司宣傳的那一種，他是屬於自己蓋的房子自己賣，然後自己訓練業務，就是希望可以透過自己訓練出來的業務，把客戶給服務好，買了房子的客戶不論是否自己住，包括客戶後續如果想要出租也好，也不必擔心是不是找得到租客，公司會負責出租，幫忙過濾房客。

所以客戶買了這裡的建案房子是很放心的，建設公司和業務人員隨時都在、都找得到的。

我因為自己本身就買了這家建設公司的房子，也把房子委託他們代管經營，自己覺得不錯，很認同這家建設公司的經營理念，覺得是很值得跟進的，當他們又有新建案時，不只自己加碼買了一戶，同時自己也加入這家公司，成為建設公司的業務。

人脈資源升級，共利願景之信任回饋

我們業務服務的對象就是社區的住戶，凡是住在社區裡的，不論是租客或是買房子的所有權人，都是我們的客戶。

在我看到了這個商機，覺得這個商機其實它可以幫助很多人實現被動收入，可是真要說給一般人聽，因為大部分的人若沒有接觸房地產，不懂產權買賣過戶的流程，甚至可能連權狀都沒有看過，根本沒有辦

法聽懂，甚至會懷疑我們是不是詐騙，那麼要怎麼樣去跟這些人溝通？

這樣的資產配置目的，其實是透過房地產建立一個穩定的現金流和被動收入，是一種健康的財務配置，但是一般大眾聽不懂、陌生人也沒有信任感，還是得藉由人脈，像是朋友，有接觸過或認識我的人，自己本身想要了解這方面的需求，基本上就會來問我，然後他就會仔細聽，我便會跟他們說明理財和資產負債的正確財務觀念，當有興趣成為房子的主人當房東，然後再透過看房子，或者是一些財務的計算，讓他更清楚地了解自己可以做到什麼樣的程度？可以買什麼樣的房子？用數字來說明對財務計算的部分，詳細解說哪一間房子多少錢？頭期款多少？貸款每個月只要付多少？租金多少？然後怎麼算？所有財務計算都一清二楚，甚至反推能夠買到什麼樣的價格和標的？

　　真正信任的關鍵在於陪伴，陪伴也就是一起參與，信任的過程是因為你讓他知道我在這塊領域經營，不是為了要銷售，我只是讓你知道怎樣可以跨入房地產這個領域，然後等於你就是我、我就是你，你可以知道我的東西，而且是用讓你聽得懂的方式告訴你，對它慢慢理解之後，自然就會慢慢有興趣，進而成為房東後，實踐累積被動收入，置產收租的財商概念。

　　而以建設公司的商模理念，若用一個簡單的東西去講，可以說它是由一個建設公司，從營造、建築、設計、銷售、出租、代管的「一條龍」服務。

　　因為公司有這樣的一個願景、一個理想，讓客戶跟著它就可以很放心，而且它也真正可以讓客戶慢慢的累積到被動收入達成願景。能夠滿足客戶的目標，讓他們得到實際的獲益，再開發下一個建案時，有能力的客戶還會跟著再買，也就是公司哪裡有建案，他

就跟著繼續買，這其實是一種人脈 VIP 的概念，能夠
將未來可見的利益回饋給相信與參與合作的人脈共
享。

透過置產觀念帶給身邊朋友具體實現被動收入的夢想

3-3　樂活職場與事業大門

　　有句話說：「機會比能力重要。」在職場中發揮人際關係的優勢，曾走過的痕跡都是人脈存摺的累積，活用人脈能夠為自己開拓職場和事業的機會，幫助自己追求更好的事業成就。因此與人建立更多關係，可為自己找到真正喜愛的事業，在工作中發揮專長和興趣，善用共享商機串接資源並且回饋人生的貴人。

無形資產，人脈關係的重要

在會計學當中，有一個會計科目叫做「商譽」，是列於資產負債表中的資產科目項下，屬於無形資產。我覺得如果以「人生財富學」的觀念來套用說明，人際關係，就是個人的「商譽」，就是「無形資產」。

在職場中，人際關係是非常重要的一個面向。具備良好的人際關係，不僅可以幫助你更好地完成工作任務，還可以為你的職業發展打開更多的大門。因此，學會發揮人脈力量是非常重要的。尤其在面對工作上的挑戰和困難時，有一群可靠的人脈關係可以為你提供更多的支援和協助，一位有著良好人際關係的人，在工作環境的競爭之中通常比其他人更容易被留下來、被提拔，也更容易獲得更多的機會。因此，如果你想要在職場上取得成功，建立良好的人脈關係是

非常重要的。

　　以我個人在求學期間進入參與社團就是一個非常好的例子，可以讓認識到很多志同道合的人，是一個非常適合建立人脈關係的環境。當然，如果你有不同的興趣，其實也可以在不同領域參與團隊的活動，特別是在社團中，你能夠認識很多志同道合的人，你可以透過各種活動和項目，與相同嗜好卻來自不同背景的朋友建立起深厚友誼和信任的人際關係，這些關係對你的未來發展會非常有幫助，有可能會在未來幫助你找到更多的職場和事業機會。所以我期勉年輕人可以及早把握年輕的時光，在社團交友的環境中，不僅藉此多多學習實用技能和知識，展現自己對朋友之間的關心和真誠，建立好的人脈關係對你的職業生涯和事業發展都是非常有益的。

　　在建立了良好的人脈關係之後，你還需要學會如何活用這些關係，開拓更多的職場和事業機會。這包

括了建立起信任和合作的關係，瞭解對方的需求和想法，並且透過分享和合作的方式，共同實現彼此的目標。比方同齡的友人會在不同的職場領域歷練生涯，到了一定職位有了領導力和影響力，串接不同產業資源的人脈專業，就能提供自己業務上增加許多的助力；跨年齡層的關係資源，也可以藉由你共同興趣社團或商會交流，取得信任而間接獲得推薦、肯定，甚至實質得到轉介紹的生意。因此，當你有了一個堅實的人脈基礎時，就可以更輕易地開拓職場和事業的機會。

人脈的利用，在實質面上，你可以向對方提出建議或請求，進而獲得更多的合作機會和商業機會，藉此當然你還可以了解到更多的產業資訊和市場動態，進而為自己的職業生涯和事業發展做好準備。另一方面，好的人脈可以提供你資訊的優勢和影響力，比方我在旅行社的歷練，讓我熟識雙北各校的許多主任級

以上的校方人員，在教育資源和資訊上也能夠為我身邊好友提供許多有用的資訊以及實質上的幫助，更是讓我得到人脈上更多的支持與信任。

因此，在職場和事業中，人脈關係是一個非常重要的因素。這些人脈關係可以是你的同事、客戶、上司、下屬，也可以是你在社交場合認識的人。在追求更好的事業成就的過程中，建立良好的人脈關係是非常重要的。不斷地與人建立新的關係，能夠讓你更容易接觸到新的機會和想法，也能夠讓你不斷地學習和成長。因此，如果你想要在事業上取得更大的成功，就需要不斷地拓展自己的人脈關係。

互利回饋共贏，樂活職場事業的關鍵

　　生活中每個人都會有追求自己熱愛事業的權利，也可能需要不斷調整人生方向才能找到自己真正喜歡的事業。我從科技業轉換到旅遊業，再轉換到不動產業，每一步都是為了更好地發揮自己的特長和適應生活環境的變化。所以，無論你現在在哪個行業，如果你發現自己不再快樂或對這個行業沒有太多的熱情，不要害怕改變方向，也許你能在新的領域中找到更大的滿足感和成就感。

　　我很慶幸在人生各個階段都有豐富的收獲，而現今我的事業經營也是希望能將自身的資源，主要分享回饋給與我有關的人脈圈。因為人際關係的維繫能夠長久，本來就是一個長期有來有往的互動，這種關係形成的「信任」，已經不是利益，不再以商業目的為優

先，不像現實做生意那樣，需要評估交換什麼了，因為回饋予人的一定是「多」的！

在人脈關係的幫助下，己身得到的東西一定是本來沒有的，也就是比原來更多，就像當朋友找你幫忙完成了某一件事，也是因為你的協助解決了他的困難，才讓朋友獲得他原本無法獲得的。

現實之中，每個人都擁有一部分別人所沒有的資源。人脈的互助也就是獲取自己原本沒有的，自己也能提供別人原本沒有的。因此，當我審視自己現有的資源，代租管的建設公司可以創造不動產被動收入的好處，龐大商機單自一人拿得到的畢竟也是有限，多的自己拿不到，當然就是優先釋出給自己人來拿。

再詳述其中大家就更能了解，在不動產的這個事業領域，有非常廣的市場層面，如果單以置產來說，自己一個人，就算有錢又能夠買間房子？建設公司開

發一個建案上百戶，單我一個人，可以買幾戶？光是置產商機自己知道還有超額利潤自己無法獨吞，能夠提供資源和資訊給相信自己的朋友，一起共享獲益，就是其一。

除此之外，不動產的商機不只是置產，前溯從開發營造以及後續包租代管、物業管理，甚至最後要轉售的仲介服務，整個建案所有不動產標的大大小小的事，本來就是一整個商業團隊才能夠串接起來的，而我們串接所有的人脈資源把一個住房的供給和需求整合成一個個社區生態，把其中自住購屋或是置產收租的這一塊需求或商業目的分享出來給我們的人脈客戶，使客戶也成為這整個商業團隊最為重要的一份子，所有住房大小事都在我們的商業服務範疇裡，對於客戶或是身為業主的我們，都是互利共贏的關係。

被動收入教練，陪伴信念與自我實現

回顧我的人脈因緣所帶給我的一切，年輕求學期間的社團參與，結識的夥伴帶我找到了自己熱愛的職業生涯，職場中的同時又引領我接觸到不動產以及被動收入的觀念，這個理財觀念對當時的我來說真的是一個震憾的啓發，讓我開始重新思考財富的累積方式。

反思在職場工作上的努力成就，與參與不動產收租相較，才真正了解主動收入和被動收入之間的差異。我意識到，職業所帶來的收入是主動性的，只有在工作時才會獲得報酬，但一旦停止工作，收入也會中斷。而被動收入則不同，它是一種無需持續投入勞動的方式，透過投資資產來實現被動收入可以為自己提供更多的時間和自由，也讓我相信自己可以追求更

多的夢想。

被動收入的認知改變了我對於財富的看法，在各種投資理財商品和工具的探索研究分析之後，我更加認同不動產是一個實體資產，其價值通常會隨著時間增長，同時也能提供穩定的租金收入，這樣的特性使得不動產成為最可靠的被動收入來源。

因此我更確認不動產是創造被動收入最穩健和安全的投資方式，同時也是最符合我個人財務價值觀的選擇。

於是，我不僅自己開始投資不動產，同時也將我接觸到的經營代租管建案社區的建商資源，首先分享給我人脈關係中建立的合作夥伴，共同參與投資機會。這些合作夥伴不僅是自己的朋友，也曾是在職場共事中所建立的信任關係，能夠一起共同投資不動產，分享風險與收益的好夥伴。

　　能夠獲得穩定被動收入的這種財富累積方式讓我感到非常滿足，在人生自我實現的階段，什麼是更具有意義的事？下一步要做的，我便是希望將這份財富觀念分享給更多的人，讓更多人也能夠擁有被動收入贏得更好的人生。

　　成為一位「被動收入教練」是我在獲得新的事業方向後，覺得具有生命意義的事。在正確財務觀念推廣的領域中，很高興結識到財務藥師林有輝，在他舉辦過的一些讀書會和講座中，他自許為「教練」而非老師，他提到「陪伴」才是最重要的教學信念，竟然和我的理念不謀而合。於是我們有了更多的交流，並且彼此分享人脈以及各種經驗和知識，有輝教練提供自己的人脈，邀請專業人士和投資者參與，讓參與者獲得更全面的資訊和指導，他不只是傳授知識，更願意和學員建立深厚的師生關係，一起探索更多被動收入的可能性。

結識林有輝教練，一同參與矯正署之授課講座分享

　　幫助到更多人擁有被動收入增加財富不只是我的自我實現信念，它能實際鼓舞人心，幫助他人改變人生。我不僅希望能夠在財富方面指引眾人，更希望在人生道路上給予眾人多方的啟示和勇氣。

　　我認為每個人都擁有改變自己生活的潛力，只需要找到適合自己的方法和方向。最後也要期勉讀者們一段話：「每個人都有屬於自己的特長和價值，發掘和

運用這些優勢，才能走向成功的路途。」

希望每個人都能夠發現自己的夢想，並用被動收入贏得更好的人生。

第四篇
重視健康 從珍惜自己開始

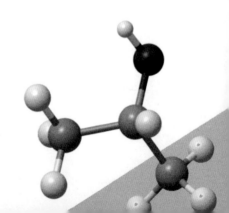

◎ 趙苡窴　樂活護理天使

富有強烈正義感的健康天使，從生命意識的感受洞見出什麼是「健康」的價值。在與死神共事的職場上，看見每一個最接近死亡的故事，提示了每一個活著的人生，應該生活出什麼樣的生命？

前言

　　「生命」是一個美好而奇妙的事物。身為護理人員，在醫院可以看到「生、老、病、死」的人生縮影，能看到初生嬰兒的第一次呼吸，感受到病人康復的喜悅，並在關鍵時刻伸出援手，讓生命繼續前行，當然也會見證死亡，這些經歷讓我深刻體會到生命是一場不斷變化挑戰並存著充滿希望的旅程。

　　在我護理的職務，較一般人有更多與死亡近距離的相處，死亡讓我更加關注生命中的目的和價值，我開始問自己，在這個世界上的存在意味著什麼？我們能夠留下什麼回饋給予社會，以讓我們的生命變得更有意義？這是一個深刻的思考，它提醒我們要活在當下，追求真正重要的事物，並將愛和關懷傳遞給我們所愛的人。希望大家可以隨著我文字一同思考生命的奇妙，以及如何珍惜每一刻、尊重自己和他人，因為生命確實是一個美好而奇妙的事物。

4-1 醫護使命感的起源

憨直的正義

　　從小我就正義感十足，遇到同學被欺負，總會站出來為他們打抱不平，記得當時班上有個很胖的男生，因為來不及去上廁所而尿褲子，老師當下不在，他一個人坐在椅子上哭泣，其他同學圍繞著笑他，我走上前問他有沒有帶乾淨的褲子，他停止了哭泣看著我，默默地從包中拿出褲子，我則牽著他的手去找老師幫忙，現在回想起來，從小我就對弱

勢的人多一份關心，也許從那時候起，就在我的心理種下了一個種子，開啟了我的護理使命。

不過這種憨直的正義，因為個性直接，不懂得融入團體，使我在學生時代萌受到很大的人際關係挫敗。國中之前我是個不照著我的想法走，就會不開心，情緒寫在臉上，不懂得為他人著想的人。我從國小到國中階段都是籃球校隊，國小的籃球生涯，只要會得分、敢衝、速度取勝就行，我總是能夠拿到MVP，但是當我進了國中球隊後，問題開始出現，因為身高的關係，我負責後衛位置，後衛要最了解所有隊友的強項，製造得分機會，但個性不好的我，常與隊友起衝突，而當時的我總覺得是別人的錯，不懂為何大家都要這樣針對我？

而這種不可一世的個性，對於隊友不友善的態

度,長期下來就像滾雪球般,日日累積爆發了。

我永遠記得那天晨練,與隊友計較總是我在撿球,起了衝突後,我把籃球甩往隊友身上,隊友們責怪及不能認同的眼神!

晨練結束後隊友把我鎖在更衣室的門外不讓我進去,我當時很混亂,不知道到底怎麼了,就像世界崩塌一樣,我甚至沒有意識到自己真的做錯了,當然連道歉也沒有說,就這樣開始了被排擠的日子,這段日子是最煎熬難過的時光,所有負面的想法我都想過好幾遍,只是沒有執行的勇氣...

日子照常除了每天練球、上課,回家後的我就是沈浸在網路世界,與網路的朋友聊天以得到同儕的慰藉,我開始害怕看到隊友,每天期待放學能夠回到網路世界。

人生的第一個轉折點

幸運的我，有個充滿愛的家庭及很愛我帶領我走出深淵的媽媽，她觀察到我的變化，引導我一步步的換位思考，改變了我的個性，讓我學會用隊友的角度去看這些事情。換位思考後，事情一樣沒變，世界一樣沒變，變得是

家人是永遠的支持力量

我們的頭腦，原來我所認知的那些『對的事情』，其實不盡然是對的，啟發了我的第一個人生轉折點。

　　開始『察覺』到自己的問題後，我告訴自己，已經造成的誤會及錯誤，需要好好地修正，所以我開始放低自己，放低脾氣，放低心性，懂得低頭認錯、察覺自己的問題點，學習觀察我的隊友及周遭的人，情緒來的時候喊『停』，不要讓情緒的海潮淹沒了你，等有天能像衝浪一樣站在浪尖看著底下的波濤洶湧時，就不會被情緒牽著走了，當然這也不是一步登天，一夜之間就能做到的改變，我也花了幾年的時間，琢磨尋找，才尋找到頭緒，這需要練習，需要意志力提醒自己，當你開始改變及嘗試，有著為別人著想及幫助他人的心時，他人絕對感受得到，也因此我的隊友開始接納我，也度過了我美好的球隊生活，我感謝所遇到的這些事物，困境使我強大，障礙使我成長。

　　天無絕人之路，再痛苦的境地一定有轉圜的餘地，但一定要懂得接納及改變。每一個挫折都有它的意義，只要站起來的次數比倒下的多，它就是成功。

　　這個第一個人生轉折，母親教會我感受世界的成長教育，在我現職的護理工作也帶給我非常重要的啟發，讓我能夠平靜面對看透許多。就像護理工作上常會遇到的事件一樣，我們看到的病人家屬的狀態，可能是恐懼及緊張造成的，往往病人家屬會用不耐煩的語氣及急迫的態度要求，的確使接收訊息的我們不舒服，但若換個角度了解他們的情緒，解決問題，也許那些憤怒、不耐煩也就煙消雲散了。

護理之路

　　引領我選擇讀護理最大的原因是因為家人，在我國小三年級時，經歷了奶奶在家發病，我與姊姊兩個小朋友在家手足無措，只能哭著去找隔壁鄰居幫忙，那種愛的人在身旁，你卻無法給予任何協助的無助

感，打擊著我的心，長大後因為護理師伯母的影響，當親戚朋友有任何病痛時，他成為了第一線的協助者及諮詢者，這樣的偉大角色，在我心中深根，我也要成為像他一樣能照護幫助到所愛的人，但當時的我並沒有意識到自己也有能力當護理師，而是覺得警察很正義很帥氣，一度考慮報考警專學校，但命運安排，因為國中老師的推薦，最後讀了護校，也開啟了我的護理之路。

在護理求學階段，可以說是全心投入，對於護理的專業科目非常有興趣，比起數學化學等科目，護理要來得輕鬆許多，但我並不是聰明學生，一點就通，平時也花了很多時間複習課業，也因為如此，五專時期幾乎都在讀書，最終以實習第一名成績畢業，我感謝學生時期的努力，為我打下了好的基礎，不管是國考亦或者出社會後的臨床工作，遺忘的學理內容，複習一下就可以記起來，對我的工作幫助很大。當然最

重要幫助我在臨床工作順利的能力，是那份『真摯且熱忱的心、不害怕挫折努力學習的心』。

4-2　護理師的正義忠告

　　任職過心臟內外科病房，現今又擔任加護病房（ICU）的護理工作，說起來和柯 P 經歷的醫療領域相同，都是最接近死亡、最不容易的工作，短短幾年就讓我看透生死，看透了悲歡合離，意識到再多的財富、再大的權力地位，在死亡面前，都是空紙一談。因此，沒有什麼比健康來得更重要，沒有了健康的身體，想做什麼都有心無力，當然，大多數人沒有走到這一步都無法了解，我遇過太多病人，心臟血管已阻塞亦或者心臟功能已衰退，仍不願意改變生活習慣，堅持抽煙、喝酒、不按時服藥，為什麼？他們總說他們爽…如果不這樣生活就不是他們了…

生與死的掙扎，真摯的故事

生命的一切得來不易，我曾經的一位病人，30 歲時確診為肺動脈高壓，她樂觀、美麗、待人親切，而肺高壓相當於心臟的癌症，通常只能以藥物來治療，確診後的幾年，她全心配合治療，治療過程中，她也常與我們說笑，常笑著對竭盡全力照護她的母親說，等她好了再一起出去世界各地遊玩，每當進去病房做治療時，她總是用笑容感謝我們，我知道她非常想要戰勝疾病，還想要去體驗這個世界的美好。

病況惡化的那年她 32 歲，一開始從床上走去廁所都離不開氧氣，走幾步路就很喘，到最後連躺著也無法靠自己呼吸換氣，需要透過插管及葉克膜才能維持生命，已經用了最強效的藥物，卻還是無法驅趕疾病…

在生命的末期時，她握著我的手告訴我，她好想繼續活著，生命中還有好多事情等著她去完成，但是我們都知道，她已經沒辦法繼續走下去了…

我惱恨我沒辦法給他再更多的幫助，也惱恨那些不珍惜自己生命的人，有些人想要健康的身體好好活著，卻無能為力，但有些人卻不珍惜生命，不把握『能讓自己變得更健康』的機會。

身為護理師，這只是我遇過的其中一個案例，還有好多病人想要繼續活著，等待著能讓他繼續活著的心臟，一等好幾年過去了，有的人運氣好等到了，有的仍然在等待中，有的人心臟移植後改變了生活習慣活得健康，有的人卻不珍惜得來不意的心臟，移植後繼續酗酒、飲食不控制，甚至不規則服藥，我們誰都無法預測未來的變化，但是現在的生活卻可以好好把握在自己手中。

護理師說給健康人的真摯建言

　　我是位護理師，我沒辦法診斷醫治或者治療疾病，但我可以給予照護的方法及建議，我們照護的不止是身體，更是心理、靈性全人的照護，也許有些疾病我們沒法改變，但是可以活得健康快樂，至少你能為自己做些什麼，只要願意，一定有讓自己更健康的方法。

　　疾病的一切，來自於『生活習慣』以及『心理狀態』，我在醫院碰到的大多是已經有疾病存在的病人，他們的功課在於：學習與疾病共存。但尚未確診疾病的人們，不代表未來你們不會得到疾病，有些疾病是潛在的，可能來自於基因遺傳，而大多數危險因子存於生活當中，例如高血壓的危險因子包括：肥胖、高鈉（吃太鹹）高脂肪飲食（吃太油）、壓力、遺傳等因

素，先天的遺傳因子我們無法改變，但是卻可以透過生活習慣去去除其他的危險因子，進而預防疾病的發生。

一、飲食

現今社會，最大的魔鬼就是美食、其次為運動量不足、抽菸、喝酒、嚼檳榔，而最常被人們忽略的是生活作息不正常及情緒壓力，也因此讓台灣三高（高血糖、高血脂、高血壓）患者日益居多，根據衛生福利部統計，2019 年十大死因其中心臟疾病佔了第二名。

年輕不代表不會有疾病發生，在 2021 年 1 月韓國 34 歲帥氣男主播在家心臟麻痺身亡；看起來瘦，並不代表你的膽固醇量正常，現代人飲食高糖高油高鹽、喝酒、熬夜，都是造成高血脂症的危險因子。而

膽固醇過高，會增加中風及罹患心血管疾病的風險，例如：總膽固醇（Total Choleterol）超過 240mg/dl、三酸甘油酯（Triglycerides,TG）超過 200mg/dl，即表示膽固醇過高，另外有兩項數據，也是重要判讀指標，分別為高密度及低密度脂蛋白膽固醇，高密度脂蛋白膽固醇（HDL），又稱為好的膽固醇，正常值應大於 35mg/dl，他在血管內扮演著清道夫的角色，而低密度脂蛋白膽固醇（LDL），又稱為壞的膽固醇，正常值應低於 160 mg/dl，若過高會導致血液黏滯度增加，致使血管硬化情形產生，那我們該如何預防及改善呢？

在飲食方面，只要願意改變飲食習慣，達到均衡飲食、少量多餐，不暴飲暴食，少喝含糖飲料、油炸醃製食物，多攝取天然食物，身體的負擔就會減少很多。但很多人說我是外食族，該如何改善？其實現在健康意識抬頭，已經有很多業者推出低升糖指數（low

GI）便當及低脂肪便當，甚至在便利商店也已經買得
到，在購買外食時，也可以選擇不加醬料，以減少鈉
含量攝取；選擇瘦肉代替肥肉；選擇豆類等蛋白質豐
富食物代替動物性蛋白質食物；選擇糙米飯代替白
飯；多吃青菜水果，多喝白開水，增加新陳代謝腸道
消化。

　　而也有很多人提問，我有慢性疾病，不知道該如
何吃？我建議若已有現存疾病，想改變飲食習慣卻不
知從何下手的你，除了以上提及的健康飲食方法，建
議可以聽聽營養師的建議，每種疾病適合的飲食都不
同，例如胃潰瘍患者適合溫和飲食、痛風患者適合低
普林食物，且當有兩種以上的慢性病時，食物間也會
有相衝突的時候，例如：攝取豆類蛋白質取代動物性
蛋白質，以降低膽固醇，但不是所有豆類都適合每個
人，像黃豆是高普林食物不適合痛風病人，豆類含寡
糖較不易被消化，攝取多容易產氣導致腹脹，不適合

胃潰瘍、胃炎等病人,而目前各大醫院都有開立營養師諮詢門診,也有營養師開立診所及工作室提供營養諮詢服務,這都是很好的資源,學到的方法除了改善自己外,也可以造福家人,一起改善生活習慣,獲得健康。

二、運動

在運動方面,選擇一項自己能接受並且喜歡運動很重要,因為這是你能否堅持並持續運動下去的關鍵。我從五專起接觸重量訓練,當時參加了健身房,裡面的拳擊有氧課程我很喜歡,除了可以達到我的運動強度以外,能完成老師課程中的動作讓我有成就感,但漸漸的我發現我上拳擊有氧最在意的是別人的眼光,我不是真的喜歡這項運動,而是想吸引別人的目光,逐漸的我停止了上課,現在的我愛上了攀岩,

攀岩是一項與自己比賽的運動，只有自己是自己的敵人，其他的人都是朋友、都是學習對象，而陪伴著我攀岩的人也是很好的夥伴，因為有良好的夥伴，可以讓這項運動不無趣及增加發懶時的動力。

➤ 不同的人有不同的刺激與學習，所以建議：

1. 找到一項自己可以全心接受且喜歡的運動。

2. 若你是位容易發懶且放棄的人，建議找到可以一起運動的夥伴（我所參加的健身房，很多老人家都很喜歡，原因是因為在健身房他們找到可以一起運動的夥伴，運動完可以一起洗澡、聊天）。

登山和攀岩是我熱愛的休閒運動

而運動到底要做到什麼程度才足夠呢？衛生福利部於民國 85 年提倡的「333 運動法」，因運動量不足夠，目前已不適用，根據美國運動醫學會提出的標準，針對健康成人，每次運動 30 分鐘、每週至少運動 5 次、運動時心跳達到身體能負荷的 7 成 **[計算公式 :(220 - 年齡) x 0.7]**，但要特別記得，以上建議的運動強度是針對健康成人，若有慢性疾病患者，應衡量自身體能，運動一定要循序漸進，依著自己的體力狀況做調整，切勿一下子太激烈，超出身體的負荷，可是會造成反效果的喔！

若以上的運動建議時間太有壓力的話，建議可以從「111 運動法」開始：每次運動 10 分鐘、運動後心跳需達到每分鐘 110 下微喘程度，可分為早、中、晚各進行 1 次。在運動的過程中，需注意自身的狀況，若有不適需立即休息，並注意變化，心臟科常見的心臟血管阻塞，一開始的症狀就是從活動後呼吸喘、活

動後胸悶開始的，我常見到的是中老年人去爬山時，有呼吸喘且胸悶的症狀產生，而當活動後有胸悶胸痛症狀，休息後可以緩解，這就是很典型的穩定性心絞痛，建議至心臟科門診就診，做進一步的檢查。

三、心理

以上提到的是「飲食」及「運動」，另一項重要的健康保養法是「心理健康」，國外研究發現，常年的慢性壓抑，會使血液中葡萄糖和脂肪酸數值升高，增加罹患糖尿病及心臟病的風險，且壓力會使膽固醇上升，易引發心血管疾病。而中醫的七情（喜、怒、憂、思、悲、恐、驚）五至（心、肝、脾、肺、腎）有提到，良好的情緒反應，可以增進人體健康，促使疾病康復；劣性的情緒會擾亂身心促發疾病。內因即情緒變化，外因即外在環境影響、壓力。

　　美國研究顯示：開懷大笑能減輕心理壓力，有利於保護血管內壁，減少心臟病發作的機率。

　　而要維持心情平穩是件很難的事情，中央研究院國際醫學期刊（2012）提到，台灣常見精神疾病的盛行率，自 1990 年的 11.5% 上升至 2010 年的 23.8%，20 年間比例倍增，且近年來逐漸增加；根據世界衛生組織的一項大型研究指出，自新冠肺炎疫情後，精神疾病盛行率較疫情前暴增了 25%。

　　台灣 20 年來環境社會變遷，日常生活雜事、工作忙碌等，都會增加煩躁感，要做到身心和諧，與大家分享，遇到事情時先戒「怒」，在有爭執時，我們常常會有「被害者思維」，覺得都是他害我的，都是因為他才這樣，為什麼他要這樣對我？而陷入情緒的海浪之中，但當事情發生的第一時間，告訴自己『停』，不要批評、不要生氣，先理性的思考事情的原委，想想自己有沒有什麼問題，一旦這樣做，會發現「情緒其實

都是來自於自己」，沒有情緒後，事情處理起來會更圓融，且更容易解決，自己的心情也會舒服非常多，進而降低生活的壓力。

➢ 推薦幾個簡單的紓壓方法：

1. 運動，運動可以增加腦內啡荷爾蒙的分泌，可以緩解疼痛、減輕壓力及焦慮

2. 踏入大自然中（爬山、露營等），樹木散發出的芬多精可以有效鎮定情緒，令人身心放鬆

3. 音樂冥想，聽音樂可以降低壓力荷爾蒙皮質醇的濃度，使大腦放鬆，且音樂冥想簡單易學，目前 Youtube 也有很多引導冥想的影片可以參考。

當然方法有很多種，重要的是找到一個自己喜歡的方式，並試著持續做，相信一定會有所改善的。

4-3　全民健康 推己及人的真諦

我的「自我修復保養」祕訣

　　護理師平時工作壓力其實是非常大的，而現今社會中，我相信不管是家庭責任、人際關係、各項職業的壓力都不小，我自己平時是如何調適自己的心境呢？

　　人的心境，其實就像月經週期一樣，會有高低能量的循環，這陣子心境調適好，就處於正向高能量狀態。但人是會有低潮期的，以前的我落入低潮期後會

開始亂發脾氣、胡思亂想，把生活上的不順遂都責怪於他人的過錯以及外在世界。當我開始感受到自己的負面情緒如潮水般湧出後，我會去運動，當我專注於運動時，我的思緒以及腦袋裡的聲音會停止，但慢慢地我發現，運動的確會紓壓，但卻是短暫的，當運動結束後，腦袋裡的思緒又會開始出現，而我又再次陷入各種複雜情緒的當中。

我很感謝我的母親，利用心靈類書籍(張德芬:遇見未知的自己；以及伊賀列阿卡拉.修藍博士:內在小孩)讓我看到並察覺到自己的真實狀態，我知道很多人不相信心靈這部分的理論，但我真心推薦各位，若你已經嘗試過各種紓壓方式，仍無法平靜自己的內心，不妨試試看。

將注意力專注於「自己」，停止責怪老公、小孩不做家事，而是注意自己做了什麼、腦中想了什麼，當腦袋裡的聲音出現時，不要被他所影響了情緒，試著

用旁觀者的角度看待這件事情以及自己的想法，當這些聲音不再影響自己的情緒時，一切就會變得很和平簡單快樂，更甚至你會發現，你周遭的人事物都會開始改變。

例如：當我下班後，疲憊的回家，看到老公翹著二郎腿，坐在電視機前面看電視，旁邊卻放著一大疊凌亂的衣服，這時我的腦袋會說：「為什麼有時間不幫忙做家事？衣服在旁邊也不折，每次都是我在做!」，腦袋會不斷的說話，說著各種好話壞話來影響你的情緒及作為，這時我會告訴自己「停」，謝謝你告訴我這些，也對不起我並不想聽，以前的我也許會跟老公說：「為什麼你不折衣服，這麼亂你不會幫忙整理嗎？」，但現在的我，不再聆聽腦袋的聲音後，會說：「我回來了，今天上班好累喔」，神奇的是，當我這樣做後，老公了解到我的疲憊，反而自願且主動的幫忙折衣服。不僅增進交流，也讓家庭關係更和諧。

　　身體上的修復我會利用瑜珈來放鬆身體，重訓來增加肌肉的強度及體態，攀岩來增加身體的協調及爆發力；心靈上的修復，我會利用爬山來重置自己；冥想來清空自己，書籍來增進自己的知識及能力。飲食部分當然我也會想吃垃圾食物、甜食等，但我會適量且適當。當這週我預計會有吃到飽的飯局時，我必定會安排相對應的運動，來達到身體的平衡。

疫情之後 從自己、家人到社會的健康觀

2021 年 5 月，台灣疫情爆發，我也因為接觸了確診者被迫居家隔離 14 天，這 14 天對我來說是休息、是放鬆，是找尋自我以及整理心境再出發機會。工作一段時間後，熱情已被瑣事、煩心的事物一點一滴的抹滅，當我覺得喘不過氣的時候，我感謝這段時間讓我找回了自己對護理的熱情及初衷。

2022 年 6 月解除隔離回歸職場後，雖然工作的忙碌程度加劇、工作時間總是超時，但我發現能體會到更深層的東西，我更能運用同理心對待病人，同理家屬的處境及困難，用耐心並盡我所能的幫助他們，而不是只想交差了事。現在我的病人都很喜歡我，聽到我要休假的時候他們都很捨不得，希望我能繼續照顧，這樣的肯定是我很大的動力與鼓勵。

　　然而我想在這邊分享三個我照顧的病人的故事，讓我印象深刻觸動心底，更提醒著我生命的脆弱…

一、生命流逝，你做好準備了嗎？

　　一位 75 歲男性急性心肌梗塞入院，做了心導管術後恢復良好，在普通病房的第二天各項指數都好轉，即將要出院，誰也沒料到在下午時分突然發現病人再也叫不醒了，陪伴在旁邊的太太堅持尊重病人生前的意願，不施行心肺復甦術等急救措施，這樣的舉動、這樣的決定非常不容易，對家屬來說這樣的離開是突然的、是無法預期的，甚至是無法接受的，但家屬卻忍著自己的不捨堅持著病人生前的意願，身為醫護人員的我在旁邊看著家屬撕心肺裂的哭泣，我也紅了眼眶，所能做的就是陪伴並引導家屬向病人行四道人生（道謝、道愛、道歉、道別），當人在瀕死至死亡後，

最後消失的知覺功能就是聽覺，讓家人向病人表達想說的話，來生再相遇，並一起沐浴、更衣，讓家屬為往生的家人在這最後的路途上能安心地離去。

我想表達的是，生命何時離去誰也無法預測，誰也無法知道還有沒有明天，我們所能做的就是在世的時候，珍惜自己的生命，愛惜自己的身體，並交代好自己的生後事，讓家人在難以抉擇時，有辦法遵照你的意願來執行，不留遺憾及愧疚。

我有受過「預立醫療諮商人員」的課程訓練，預立醫療是根據「病人自主法」所訂立的，並非末期安寧的病人才可以決定是否拒絕執行急救等措施，我們在健康時、潛在疾病狀態時，或是已有慢性病狀態時，就可以與家人討論，一起透過預立醫療諮商團隊的幫助，完成自己的預立意願，當特定狀況(1.末期病人 2.不可逆轉之昏迷狀況 3.永久植物人狀態 4.極重度失智 5.其他經判定病人狀況痛苦、疾病無法治癒且無

他法解決之情況)發生時,因家人清楚明白你的意願,才能完全遵照並執行,更可以減少家人因意見不合而導致的紛爭。很多時候家人替你做的決定,反而是他愧疚一輩子的疙瘩,所以透過共同討論,讓家人明白,這都是你的選擇,透過諮商討論,也讓家人彼此間更互相了解。

二、生病後,最辛苦的其實是家人!

一位 68 歲奶奶,因解血便入院,檢查發現胰臟癌並且已擴散至胃及腹腔,手術無法切除只能靠化療藥物治療,因為奶奶過度焦慮,家屬怕她知道病情後會因情緒影響病情,最後選擇隱瞞病人癌症的事實,只告知因為疾病需要繼續打藥治療。因為病情變化,需要專業的看護照護,新冠肺炎的政策規定只能有一位照顧者照護,家屬因為擔心奶奶,每天都會站在病房

門口等，等醫生是否前來查房，等護理師是否有事情要找他，等奶奶是否因為情緒激動需要人安撫，一等就是好幾個小時，跟著我上班到下班，站在門口也不敢進去病房，就怕破壞了醫院的規定，這樣的愛、這樣願意配合醫院的心，讓我動容...

　　不是要提倡要大家站在病房門口等待，而是在非常時期，各個人員及單位都有相對應的政策，大家互相配合，互相體諒包容，反而會建立最和諧及有愛的環境。而我的重點是，人在生病時，「家人」總是最辛苦的那一位，也是最需要被關愛的人，在奶奶確診癌症到發現癌症轉移的過程中，家屬的情緒就像坐雲霄飛車，帶著希望卻又破滅，破滅後又要堅強的站在病人面前，轉身後卻是難過流淚，我們要照顧陪伴的，不止是病人，還有家屬，家屬倒了病人也支撐不久，而最重要的方法就是做所有事情前解釋清楚以及聽他們說，他們只是需要有個出口，有個可以在需要時解

惑及願意聽他們說的人，也許我經歷過家人罹癌後離世，所以更能體會這樣的心境及感受，在親人離開前能為他完成未完成的心願，是最滿足的事情。

所以如果你愛你的家人，請一定要保持身體健康，因為你倒了，家人永遠是最辛苦的那一位，如果你一直都覺得維持健康是件無所謂的事情，我想家人是個很好堅持下去的動力。

三、長照 2.0 社會資源，我們應該要感謝，而非覺得應該

一位 67 歲爺爺，未婚，獨居，本身有心臟病、糖尿病等慢性疾病，且因糖尿病而失明，平時仰賴社工及居家服務員協助生活上的事務，此次因心臟衰竭入院，當天我在執行入院評估，問起生活自理及經濟狀況時，爺爺表示：「每個月政府都有給我補助的錢，社

工會幫我領錢，有人會送飯給我吃，這都是社會應該要幫助我的」。當下的我，立即回覆爺爺：「爺爺，有人能幫助你處理生活上的事，社會能照顧你，是件非常好的事情，我們應該要非常感謝，而不是覺得理所當然。」

現今社會，有多少人覺得他所得到的事物，都是理所當然，而忘了感恩?不管是天生下來父母給予的一切、老師同學的幫助、朋友同事的關愛、社會福利等，為何提及這個觀念?想想，當我們抱著理所當然的態度，在面對所得到的幫助時，若有一天，這些關愛與資源突然停止，我們會怎麼說?(怎麼可以拿走屬於我的東西，這些都應該是我的!)；反之，若我們對這一切抱持著感恩的心態，有的話我感恩，沒有的話就祝福他人也可以得到幫助，不但讓自己舒服，甚至祝福到了他人，也就是一個善的循環，因這善的念想，總有一天，美好的事物必定會再回到自己身上。

[後記]

護理師是什麼？我們叫做小姐嗎？何為尊重？

　　試問一句，各位會叫醫師為「先生啊~ 小姐啊~」嗎？但為何身為第一線照顧者的我們，離病人最親近、最熟悉的我們，都會被稱為小姐？我想這已經是根深蒂固的想法了。

　　醫師之所以會被尊重，因為他們為醫者、手術者，決策者，他們的決定關乎到了病人的生死康健，那護理師呢？大家也許認為，護理師只是發發藥、量個血壓，不那麼重要，甚至人人都說，未來科技可以取代護理師，但我必須說，絕對無法！發藥量血壓只是我們基本應做事物，我們為第一線照顧者、觀察者，當病人不適時為病人發聲，提醒醫師、因接觸病人時間最多，當發覺醫囑有所不適合時，當第二線把

關者，提醒醫師。一位護理師照顧的好與壞，絕對會影響病人的疾病康復，這就是我們最重要的職責。

現今心理疾病壓力爆棚的社會氛圍裡，心理支持更為重要，我想這是護理所能給予的「關愛與鼓勵」，不管男/女性、老人/青年，所表現出來的行為言語及情緒都不相同，透過觀察關心，感受他們的情緒，透過聊天放鬆，專業知識讓他們信任，找到可以幫助病人的方法，其實一句話、一個鼓勵，就可以讓即將要手術的病人放鬆許多，查覺到病人需要的，照顧的不止是生理，更是心理上的協助，我想這是未來科技無法做到的，就是人心。

雖然現今臨床上，仍有少許病人家屬不尊重護理師們，會對我們大呼小叫、指喚指使，甚至社會新聞層出不窮的醫療暴力事件，我只期許這樣的案件可以不要再發生。我想任何職業都一樣，生而為人，應人人平等，雖然現今社會仍然會因為人的權力地位、人

脈而有不同的態度與作為，我尊敬這些有能力者，但我更尊重社會上的每一個人，低社經地位者、低教育程度者，也值得被尊重，我從自己做起，對待每個病人，如同家人，任何職業我都敬佩，這天下人人都不易，唯有大家彼此愛與包容，才會造就和平世界，少點爭吵，多點忍讓，讓別人贏，其實就是自己贏。

我非常感恩，現在尊重護理師的病人家屬們，已佔大多數，我感謝你們的體諒、包容與疼愛，在臨床工作上，你們的感謝以及鼓勵，是護理師們能持續堅持下去的動力，一句真心的感謝，可以讓我微笑一整天。

第五篇

從財務重生到身心靈體悟
財務藥師的天賦人生啟示

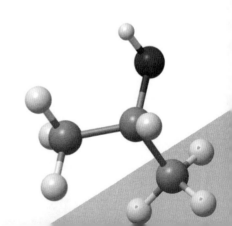

◎ 林有輝　財務改造藥師

豐盛自足，自帶光芒、自帶快樂的執業藥師，自發表《富人養成計畫》成名作之後，即力行「講財、獻世、勸恩、共好」信念，引領各行各業天賦職人以共同著作的方式「立德、立功、立言」，用陪伴教練身體力行的示範，藉由文字帶領讀者一起邁向共好。

[前言] 發掘天賦的意義與價值

　　每個人生來都是獨特的，擁有著不同的人格特質、能力與潛力。然而，在現代社會的追逐與忙碌中，我們常常迷失了自己，忘記了自己所擁有的價值與使命。如何發掘自己的天賦，實現自我價值，成為自己人生的主人，是當代人們面臨的一個重要問題。

　　我從中國醫藥大學畢業後成為一名藥師，生活原本就該是眾人們想像中的那套人生劇本，但現今卻成為了一位啓發他人發掘天賦的導師。過程之中因為跨越到不同領域的挑戰，從失敗的探索到成功的轉變，讓我透過思考和反省才突然得到體悟，進而發現自己的天賦和潛力。

　　當我深刻認識到天賦對人生的重要性，為了實現幫助他人啟發天賦的使命，我把我是如何發覺自己天

賦和使命的經驗，並且如何持續開發自己的天賦與應用的方法分享給大家。我發現利用許多常用的身心靈測試工具，並且通過學習和實踐，可以有效地幫助自己開發天賦，希望讀者們也能夠從中獲得啟發，藉此幫助大家了解自己的性格特點，並開始思考自己的天賦和潛力。

其實人的一生之中會發生許多的變化和驚奇，寫我自己人生轉折啟發的故事，目的是在於鼓勵讀者也能發掘自己的天賦，並且了解如何將這些天賦應用到現實生活中，以實現個人和社會的最大價值。

每一個人都擁有自己獨有的天賦，不同於其他的人事物也有「關係」互動的影響性，透過發掘自己的天賦，給予其他人事物的協助應用，可以達到事業上的成功和個人成長，更進一步可以運用天賦與他人合作、回饋社會，以實現共贏的局面。

5-1 財務重生：從投資失敗到教育他人正確財務觀念

不論好壞，每個人呈現的成就、事業或是生活的狀態，都是人生過往的無數選擇經歷而走到現在的結果。現在的我，是財務教練，也是天賦導師。

人生勝利組到負債族

故事要從我的學經歷開始說起，從小我的功課就非常好，完全不需要父母擔心，唸醫學院其實也就是依照分數，父母為我決定，順著藥學的本科畢業後也順利考到藥劑師的資格擔任一名藥劑師，人生似乎就

是循著眾人所想像那種「高材生」的人生劇本走著。

然而，當時的我並不滿足於此，因為從小唸讀選校總是父母為我做決定，我想要為人生做自己的決定，想找更好更高的人生回報，希望財富更快速地增長。於是我開始嘗試投資，股票的投資看似簡單，自信以我的聰明智商和學習能力根本不曾有什麼科目難得倒我，那麼投資股票又怎麼可能會輸呢？

但是，人生劇本就像電影情節一樣，意外總是會發生，很快地，我的投資開始出現了問題，小賺大賠的結果讓我的理性失去了控制，不服輸的心態讓我從虧損想要翻本的賭性萌生再做融資加碼，結果當然更慘，最終導致了巨大的負債。我從「人生勝利組」變成了「人生負債族」，為此我的人生陷入深淵，心情感到十分的挫敗和自責。

體悟財務重生的同理心，立誓陪伴他人重生

在經歷這場失敗後，我重新開始思考自己的人生，明白了一個重要的道理：「投資勝負和一個人的智商高低沒有關係，財務知識對於每個人都是必要的。」於是我決定重新開始學習財務，除了閱讀大量的投資理財書籍之外，坊間的投資理財課程我也實際報名參與去跟專家老師學習，深入研究股票、基金、不動產以及稅務，並且學習如何規劃自己的財務。

我從書籍、網路到親自上課學習財務知識，花費大量時間精力讓自己的財務能力不斷提升。在這個過程中，我發現一種特別的情形：其實有許多人都像我一樣缺乏正確的財務知識，他們往往把金錢當作負擔，不知道如何有效地運用財務資源。

促使自己成為財務教練的動機，也是在於學習的

過程之中，許多人的財務問題仍然必須自己面對，缺少了老師從旁指導和陪伴去真正解決學員的實際問題。經過了財務的重生，當我真正掌握了正確的財務觀念和技巧，自己真正學會之後，我誓言要成為一名陪同學員一起改造財務的教練，而不只是站在台上的理財講師。我希望能夠幫助更多的人學會如何真正管理自己的財務，避免錯誤的投資而犯上同樣的錯誤。

成為《富人養成計畫》作者暨財務教練

決定成為一位真正的財務教育家，我用自己的經驗和知識幫助更多人學習，在舉辦財務改造的各種講座、課程分享之後，我實際都是以教練的身份，親自帶著學員養成收入配置的習慣，長期追踪並且經常與學員互動交流，陪伴幫助他們解決財務問題，並提供資源協助學員改善財務實現自己的夢想。

　　隨著學員們的信任，不斷地經由轉介紹及推薦，讓我成為越來越多人的財務教練，我用一對一的財務諮詢，提供一套改造財務的方法，讓更多人從了解自己的收入和支出的結構開始做起，養成財務分配的習慣，同時依照不同學員的財務現狀，做計劃性的分配建議。

　　畢竟一對一的教練陪伴學習能夠幫助到的人仍然有限，為了將我的財務改造學習理念可以觸及幫助到更多的人，我將自己的財務理念整理著作成為一本書，就是《富人養成計畫：財務藥師林有輝的 4 帖財務改造藥方》，以我藥師的背景希望在財務的領域也能夠「懸壺濟世」幫助世人擁有健康的財務體質，都能實現自己的財務目標，才能夠藉由財務成就自己的夢想。

《富人養成計畫》的理財配置與收入循環

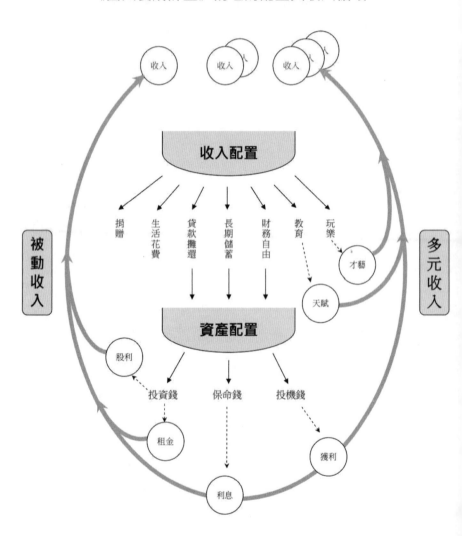

　　我將《富人養成計畫》的財務改造方法分為「收入配置」、「資產配置」、「被動收入」、「多元收入」這四帖藥方，只要把這四塊分配好位置佈局，相互關聯架構好，從一開始的收入進帳，就配置好花用在哪些地方，把它變成「資產」能夠衍生被動收入，或是投資自己的天賦才能而創造出多元收入，那麼就能夠創造自動流入的金錢流向，產生出一個健康的財務生態循環。

5-2　人生經驗的連結：從兩次瀕死重生到身心靈的體悟

　　財務的重生對我來說是一大啟發，但在我的人生目前為止，真正曾危及過我的生命死却，也有兩次的經驗。

只有自己看得見的一道疤

　　每當我在照鏡子的時候，只有我自己會看得到在我頭上髮際線的地方隱隱有的那一道疤，在我人生當中會留下那一道疤，其實是在我很小很小的時候，有一次意外摔倒，我的頭重重撞擊，當下頭破血流，母

親和奶奶抱著我立馬衝到村裡的診所家裡，當時診所已經休診，還好醫生在家立即為我處理傷口。

這個經歷過程其實我一點印象也沒有，因為事發是生在我還沒有記憶的稚幼年紀，在我後來懂事後經過父母的重述才懵懂知道的，聽說醫生每次休診一定都會離開村子，還好剛巧醫生卻沒有外出，如果當時醫生休診去了別的地方不在家，我的生命就僅短暫終止在當時，在還沒有記憶成長前就已消失。

現在看到這一道疤，只有我知道許多因緣巧合，老醫生救治了我的生命，讓我的生命持續存在於這個世上，一定有我存在的意義和使命，這一道疤成為了我每天照鏡子時，提醒我面對人生自省的一道功課。

不去找意外，不代表意外不來找你

　　第二次最貼近與死亡距離的一次，是我已經在從事藥劑師的時候，當時是在宜蘭任職，有一年過年前夕，在我下班回到住宿房間，在睡夢中我被急促的敲門聲驚醒，當我一睜開眼，發現濃煙已經佈滿了整個天花板，直覺就是立馬往門外衝，逃出屋外定神之後我才發現我什麼東西都沒拿。

　　再回到房裡，已是一片焦黑零亂的場景，火場鑑識發現在我床頭正上方的冷氣機外頭有一根衝天炮插在上面，應該是對街玩炮射過來剛好命中的，起火點就在我頭上的冷氣機。無可厚非，活著的生命意義，經過這次的生死歷劫是更加深刻的真實烙印。

　　這次與死神擦身而過，除了感受到生命的極度驚恐之外，還令我對金錢與財務產生了更大的領悟，因

為當我僥倖逃離了死亡，當下卻身無一物，身上連證件和任何一毛錢都沒有，我從這次的經驗發現到，我不去找意外，但不代表意外不會來找你，自此，我開始隨身會攜帶足夠的現金，以便不時的意外之需，後來，我再以金飾和金戒指做為我的隨身物（可隨時替代現金）。

體認金錢能量，成為財務教練傳授的一門課題

自從我開始攜帶足夠現金在身上之後，冥冥之中或許是一種安定的作用，或者是真正所謂的金錢能量，讓我在財務方面無往不利，為什麼我的財富金錢能量會為我帶來幸運，其實一開始並不明究理，而是當我接觸了身心靈的學習之後，我才體悟發現是什麼原因！

原先我們不習慣身上帶太多的現金，可能是因為

害怕不小心弄丟，或是克服不了物質誘惑容易花掉，亦或是反正有信用卡、金融卡、悠遊卡（塑膠貨幣的便利性）……等等其他理由因素。但就像是火災發生那次，對，我銀行裡有錢、股票也能變現……縱使有其他很多財富，但，當下沒有一項能夠幫我應急，真的是印證「不去找意外，不代表意外不來找你」的道理。於是我體悟到金錢的價值與金錢的功能意義，是兩種不同的狀態，財富和金錢要用什麼樣的形態呈現？如何配置是一門學問？

有關正確的財務改造和金錢能量這方面的詳述，大家可以從我的著作《富人養成計畫》之中得到更完整的學習。

5-3　尋找自我認同：透過身心靈 了解自己的人生使用說明書

在我們的一生中，每個人都會面臨許多不同的挑戰和抉擇。我們的人生旅程是獨特而獨一無二的，其中許多因素塑造了我們的價值觀和人格特質。例如：家庭、社交網絡、文化、教育……等因素都對我們產生了深遠的影響。

了解自己的人格特質、價值觀和人生目標是非常重要的，這有助於我們找到自己的定位，認識自我，並做出明智的抉擇。

自我覺察與探索自我的身心靈工具

　　我相信每一個人在成長的過程經歷之中，都可能發生許多生命經驗的體悟，特別是從家人與家族之間的生活相處與教育條件背景的影響，另外，從外來人際關係如職場和客戶之間的交流影響對自己的幫助，都可以得到許多回饋而使自己能夠更了解自己。

　　要能幫助我們探索自我，其實有一些不錯的身心靈的測試工具，例如人類圖和家族排列，皆是以探索每一個人的人格特質和家庭遺傳因素，影響我們的因果關係之邏輯分析進而了解自己。列舉兩個身心靈的檢測工具說明：

1. 人類圖－是一種協助我們理解自己和他人的工具。它將人格特質分為四個類別：生產者、投射者、反映者和顯示者。生產者是實際行動者，善於解決問

題，擅長實踐想法和創造價值；投射者是具有洞察力和直覺的人，他們喜歡深入研究和理解事物；反映者是敏感和情感豐富的人，他們喜歡反思和探索自己的情感世界；顯示者是善於溝通和表達的人，擅長在社交場合中與他人互動。

2. 家族排列—透過分析家族中的關係，尋找家族歷史中的模式和隱藏的問題。這種測試工具可以幫助我們了解自己和家人之間的關係，發現自己在家庭中的定位和角色。這有助於我們理解家庭中的模式和問題，並為改善家庭關係做出努力。

　　了解自己的人格特質和家族歷史可以幫助我們更好地理解自己和他人，從而更好地應對自己的生活。

覺醒認識自己，發揮到自己最好的人格特色

在人類圖的四種類型之中，每一種類型都有其獨特的人格特質和生涯方向。利用人類圖可以提醒自己要認真思考自己的人格特質，有利於找到適合自己的生涯方向。另外，家族排列的概念，解釋了家族排列可以揭示家族中的模式和關係，進而幫助人們了解自己的問題和需要。其實，還有許多的人格和心理測驗，都可以幫助我們深入地了解自己的心理狀態、優點和缺點，進而認識並善待自己。

在人生的旅途中，我不斷地探索自己，試圖找到自己的定位和使命。一方面，家庭生活對我有著深刻的影響，讓我了解到自己的優點和缺點，也讓我開始關注自己的情緒和內在需求。另一方面，外界人際關係的交流也為我帶來了許多啟發和幫助，讓我能夠更深入地理解自己。

成為作者後，以書跪奉父母

從家庭生活中，我意識到自己是一個顯示者，喜歡在事業上有所成就並為家人帶來更好的生活品質。但同時，我也經常感到情緒上的困擾和不安，這讓我開始關注自己的內在需求和情感狀態，開始尋找方法來平衡自己的情緒。我發現在我年幼時，父母非常重視我的學業成績，為我決策教育機會和競爭能力，但我仍然會感到一種莫名的壓力和焦慮，而隨著時間推移，現在終明白學業成績並非一切，我開始尋找自己。

成為父親後，找尋到自身意義

在這個過程中，透過家族排列進行一種心靈的交流和解，我理解到父母對於教育的想法和期望，並且逐漸明白到自己真正的價值觀是什麼。

外界人際關係的交流也對我產生了深遠的影響。透過和朋友、同事的交流，我逐漸了解到自己的性格特點和優點，並開始發掘自己的潛力和興趣。例如，我曾經參加財商課程的活動，在分組合作一同共學的環境中，讓我認識到自己對於人際關係的親和力和溝通能力是我的優勢。這個經驗讓我更有自信地面對人際關係，並開始關注自己的情感表達和溝通方式。

我們是否可以完全了解自己？

「我們是否可以完全了解自己？」這是一個長期的過程，需要不斷地學習和探索。我透過人類圖、家族排列等身心靈測試工具，從家庭生活和外界人際交往所獲得的啟發和收穫，都能幫助自己尋找到自我認同。我將自己的經驗和心得分享給大家，希望幫助到你也能更好地了解自己，只有透過了解自己，才能找

到適合自己的生活方式，實現自己的夢想。除此之外，也要勇敢地面對自己的問題和缺點，並不斷地探索自己的潛力，實現自我認同的目標。

5-4　發掘天賦：認識自己的人格天賦，啟發幫助他人發展天賦

　　透過家人、朋友、社會以及身心靈工具啟發的自我覺察，我發現自己的人格特性與天賦，就是以自己的所知所學以及資源能力，協助啟發幫助他人發展天賦。

　　我相信自己有能力協助他人發現自己的人格特性與天賦。透過自我覺察的過程，透過親和力與人格特性取得信任和影響力，串連人際關係的合作與人脈資源的整合協助他人，以及提供財力支持具有社會影響力的人去體驗有潛力的天賦人才之商品或服務，我相信可以幫助更多人發掘自己的潛力與價值，並實現自

己的夢想。

自我覺察過程 亦是啟發他人發展天賦的基礎

身為一位藥師，藉由後天的職業身分和專業領域得到大家對我的尊重是社會普遍的心理，但在我穿著白袍擔任藥師工作時，往往還是透過我的人格特性與親和力，獲得病患的信任，進而協助他們改善健康問題。

我以自己的自我覺察為例，當我的藥師身份和我的人格特質與親和力，應用在啟發他人健康意識時，可以透過提供相關的醫藥知識與建議，協助他人發現自身擁有的醫療相關天賦。例如，直接對藥品有疑問的人提供藥品知識和使用建議，透過對病人的認真聆聽和溝通，幫助他們建立信任，並讓他們更深刻地了解自己的健康需求和保健的常識。

　　同樣的，在一般人際的關係上，我也能透過這些特質，協助他人發掘自己的人格特性與天賦。我覺察到凡是與我交流接觸過的人，只要與我一次的見面交談，就會對我感到興趣，並且自然就能對我產生信任，這個天賦讓我意識到我的回饋意見擁有啟發他人思考的動力，在協助啟發他人發展天賦之前，我會傾聽他們的需求，提供適當的建議，並引導他們尋找自己真正感興趣且擅長的領域。

串連人際關係的合作與人脈資源的整合

　　在串連人脈關係方面，我相信良好的人際關係是成功的關鍵之一。我會將自己的人脈資源整合起來，協助他人發掘自己的人格特性與天賦。我喜歡媒合我不同領域的朋友相互認識，比方我認識的 A 朋友和我認識的 B 朋友，A 與 B 兩人原本互不認識，但是透過

A 與 B 都認識我的間接關係而建立了他們彼此的直接聯繫。

舉一個實際的例子就是我有一位經營房仲開店的朋友，在行銷房仲個人品牌的服務上，有媒體宣傳的需求，而協助我出版著作的范世華社長正好經常有接受電台廣播節目專訪的機會，於是我就介紹引薦他們認識，由范社長安排房仲友人在電台節目中接受專訪分享房仲職場大小事，同時藉由廣播節目的內容，做後續的行銷宣傳，達到房仲個人品牌行銷的議題與目的。

我常常藉由朋友的需求介紹能夠協助他的朋友相互認識，或者引導他們在適當的社交場合中彼此認識，我相信這些人脈資源能夠幫助他們發掘潛在的機會，透過介紹彼此認識對他們有幫助的人並達到自己的目標。

提供財力支持體驗天賦人才之商品或服務

此外，我也會提供財力支持，協助有潛力的天賦人才去體驗相關的商品或服務。比方：

✓ 我非常支持幫助天賦人才學習專業技能與取得證照的圓夢計劃，實際贊助他們的學費和報名檢定費用。

✓ 我也樂意支持具有潛力才華的天賦人才出書成為作者。

另外，我也會透過付費購買商品和服務的方式轉贈給其他人去消費支持天賦。例如：

✓ 參與天賦人才的瑜伽、芳療⋯⋯等身心靈課程的體驗。

✓ 欣賞天賦人才的音樂會、魔術表演⋯⋯的票券活動演出。

　　這些都是我以提供財力直接或間接支持天賦人才的方式。特別是付費商品服務轉贈，若是受贈者具有一定的社會影響力，當參與享受天賦人才的服務而得到好的體驗，勢必也會帶來一些口碑及良好的回饋。

　　透過這些資源的提供，我相信能夠幫助許多人在發展天賦的路上更進一步。我會關注社會上有潛力的天賦人才，並協助他們在資源上的需求，讓他們更有機會去發掘自己的潛力與價值。

[後記] 人生的轉捩點與轉化力量

　　人生中的轉捩點可以是一個人突然面對的挫折，也可以是一個機會的出現。無論是哪一種情況，轉捩點往往代表著一個人生命的轉化，以及一個人對於人生方向的重新思考。

　　我曾經經歷了一次投資負債的重大挫折，這個挫折成為我人生中的一個轉捩點，讓我重新思考自己的人生方向，重新學習財務知識，並成為了一名財務教練，幫助他人學習正確的財務觀念。

　　然而，這個轉捩點不僅僅代表著我對財務知識的重新學習，更重要的是，這個轉捩點讓我重新思考自己的價值觀和人生方向，並開始接觸身心靈的修行，從人類圖、家族排列等身心靈測試工具了解自己的人

生使用說明書，知道自己的人格特性與天賦。我明白自己的使命是啓發幫助他人發展天賦，並開始將這個使命貫徹到自己的生活中。

人生中的轉捩點可以是一個人的低谷，但也可以是一個人的契機。我相信每個人都能夠因為某一個生命的轉捩點得到信念啟發，並且重新思考自己的人生方向。

我的人生轉捩點讓我發覺到自己的使命，更加堅定了自己的人生方向，並轉化成為我的力量。我不再只是一名財務教練，更是一位啓發他人發掘天賦的導師。通過金錢能量與資源支持有善緣之學員發展天賦，並協助出版合著著作，立德立言，讓更多的人受益。

透過文字，希望這本書能夠成為大家發掘天賦和潛力的指南。

國家圖書館出版品預行編目（CIP）資料

探索人生蛻變事務所 / 郭峻廷, 黃美智, 高健智,
趙苡甯, 林有輝作. -- 初版. -- 臺北市：智庫雲端
有限公司, 民 112.11
　　面；　公分
ISBN 978-986-06584-9-1(平裝)

　1.CST：生命哲學　2.CST：自我實現

191.91　　　　　　　　　　　　112015811

探索蛻變人生事務所

作　　　者　郭峻廷、黃美智、高健智、趙苡甯、林有輝
出　　　版　智庫雲端有限公司
發 行 人　范世華
美 編 設 計　劉瓊蔓
地　　　址　台北市中山區長安東路 2 段 67 號 4 樓
統 一 編 號　53348851
電　　　話　02-25073316
傳　　　真　02-25073736
E－m a i l　tttk591@gmail.com

總 經 銷　采舍國際有限公司
地　　　址　新北市中和區中山路二段 366 巷 10 號 3 樓
電　　　話　02-82458786 (代表號)
傳　　　真　02-82458718
網　　　址　http://www.silkbook.com

版　　　次　2023 年 (民 112 年) 11 月初版一刷
定　　　價　360 元
I S B N　978-986-06584-9-1

智庫雲端

智庫雲端